I0843472

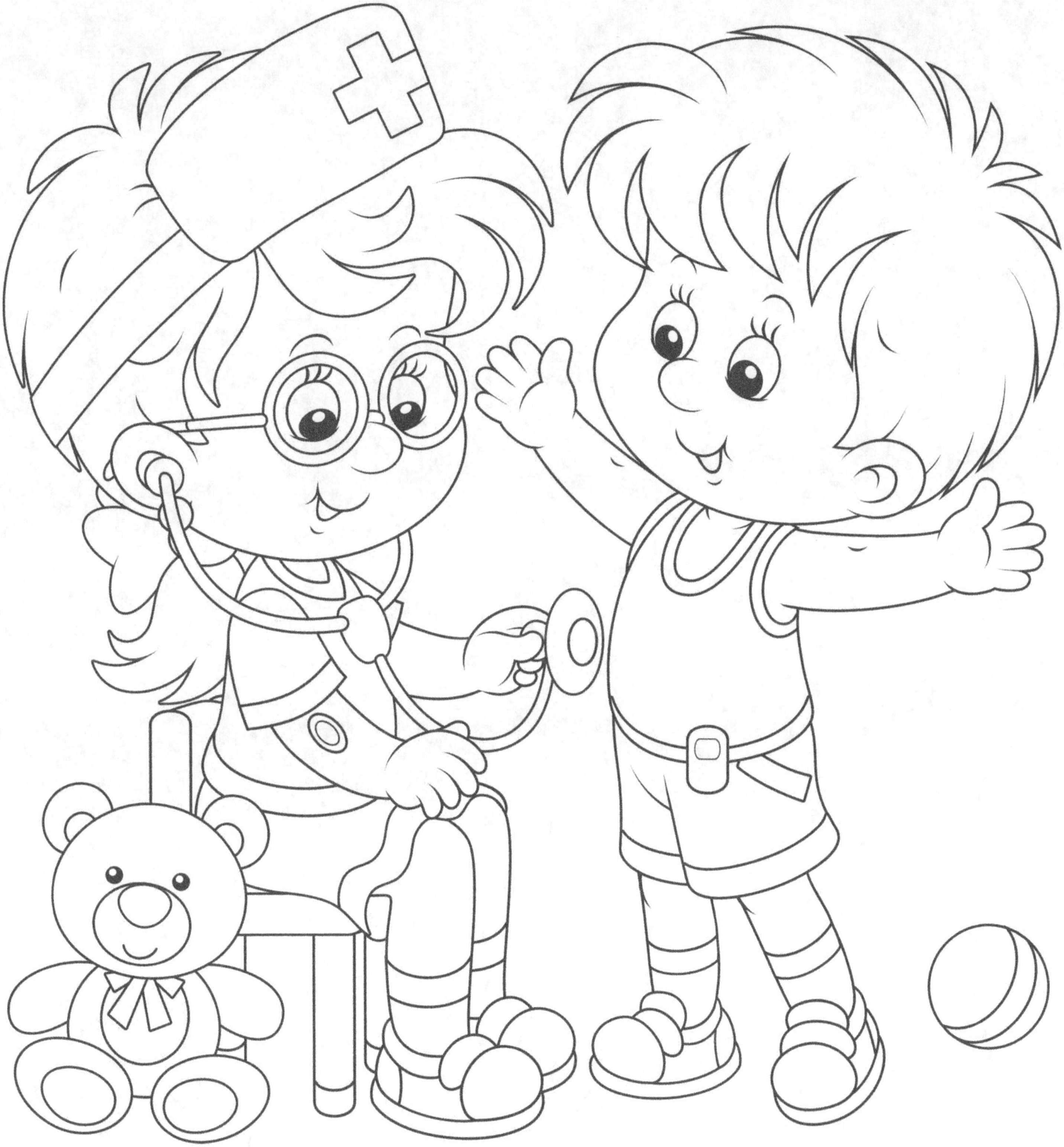

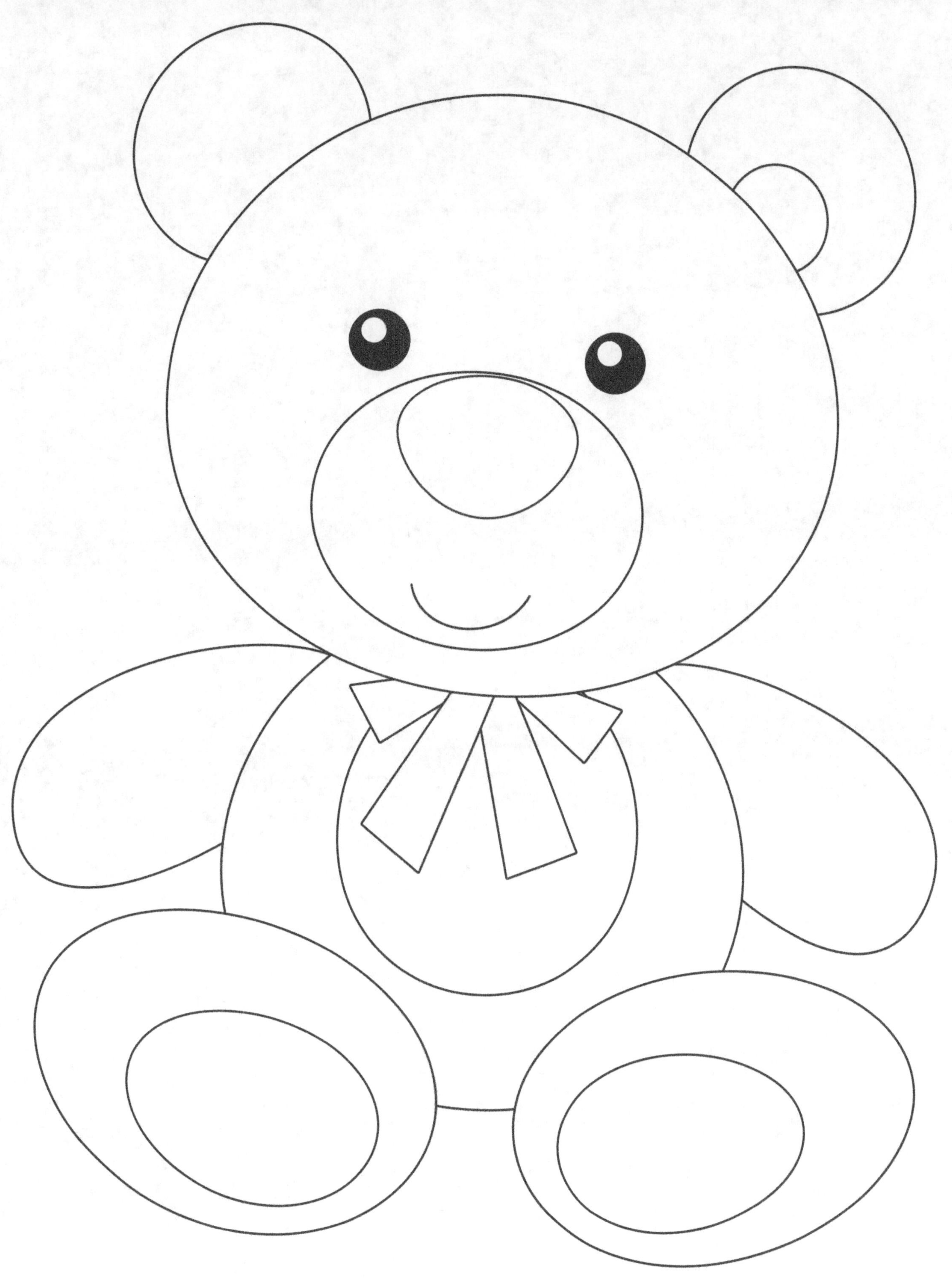

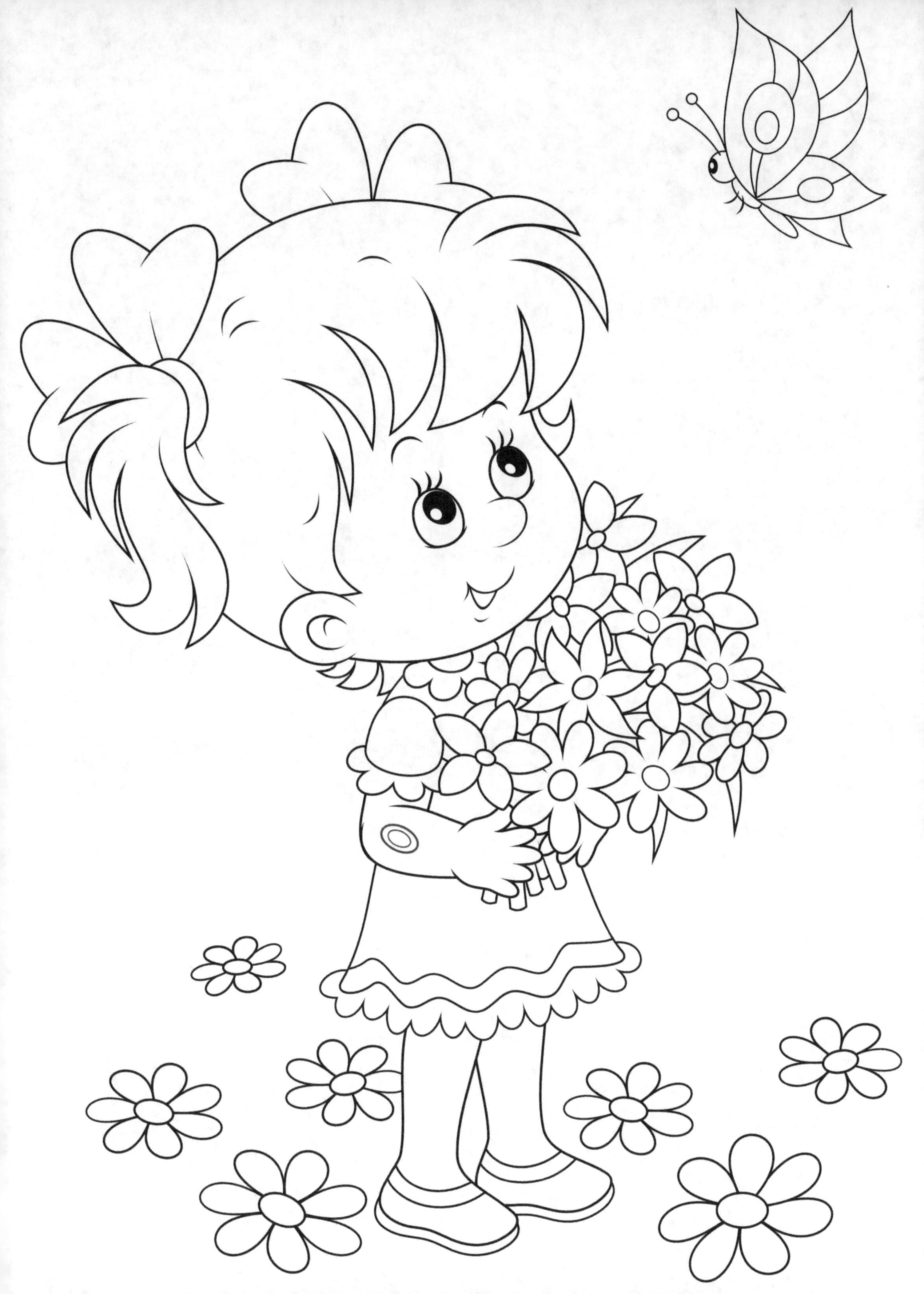

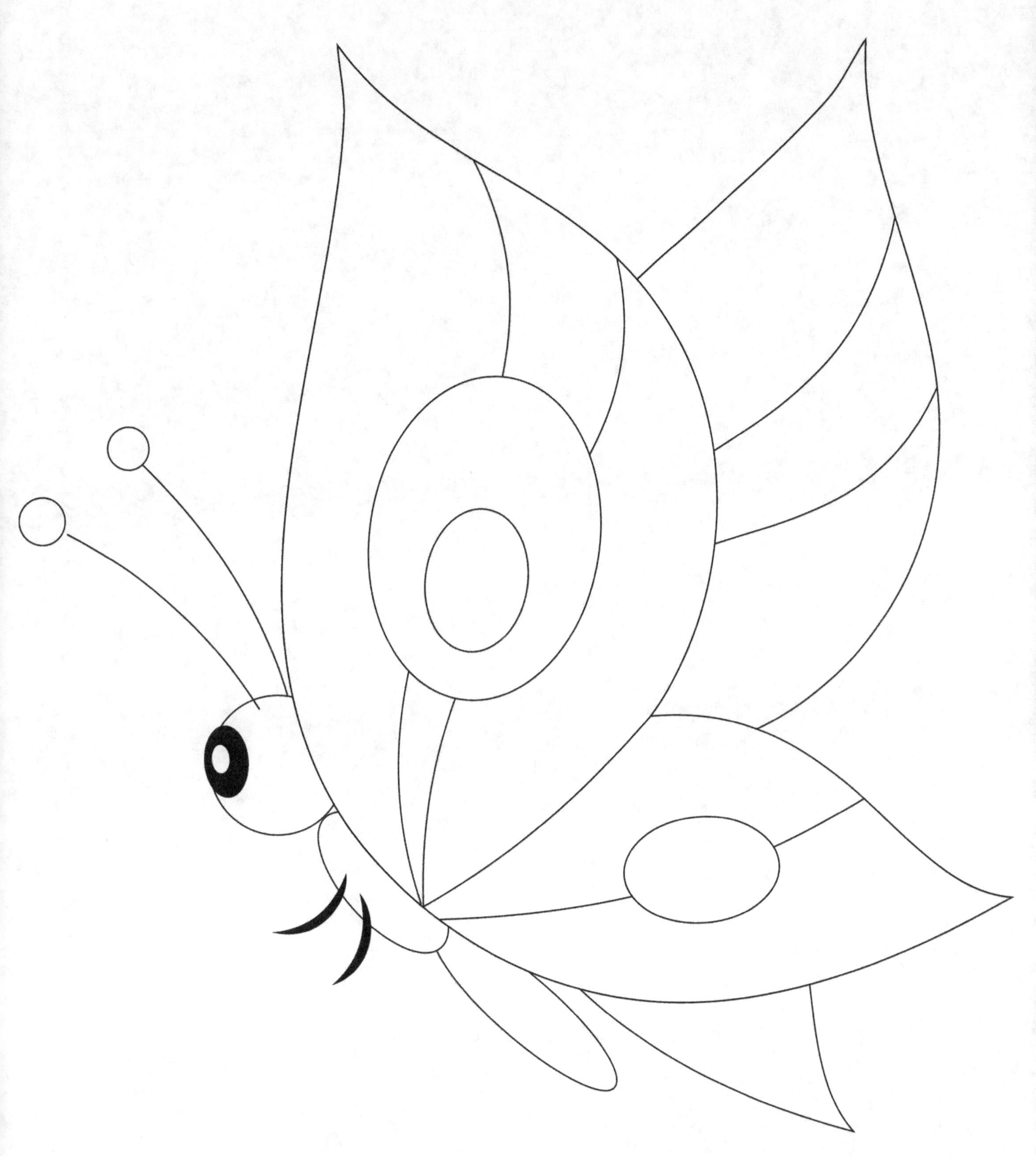

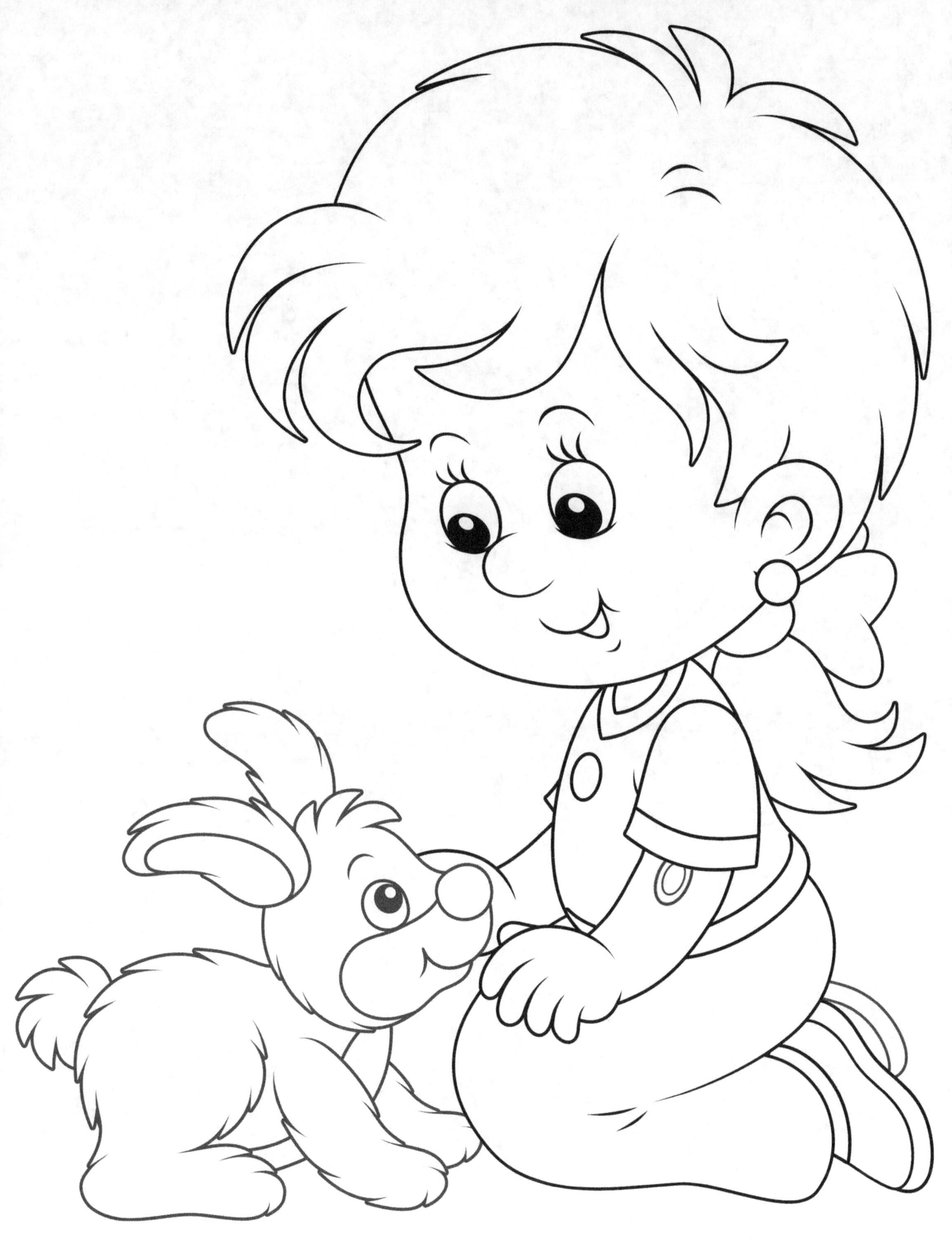

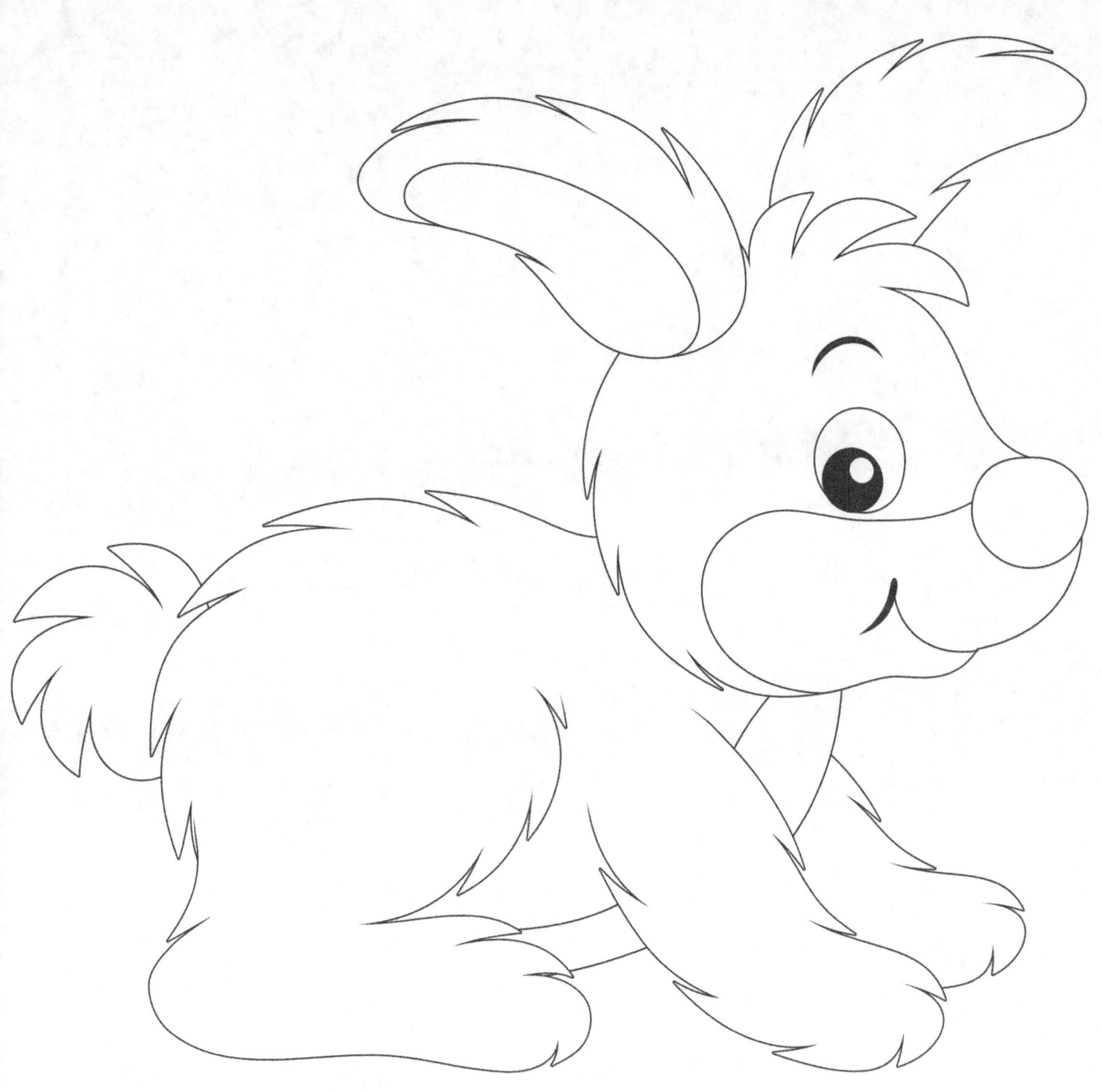

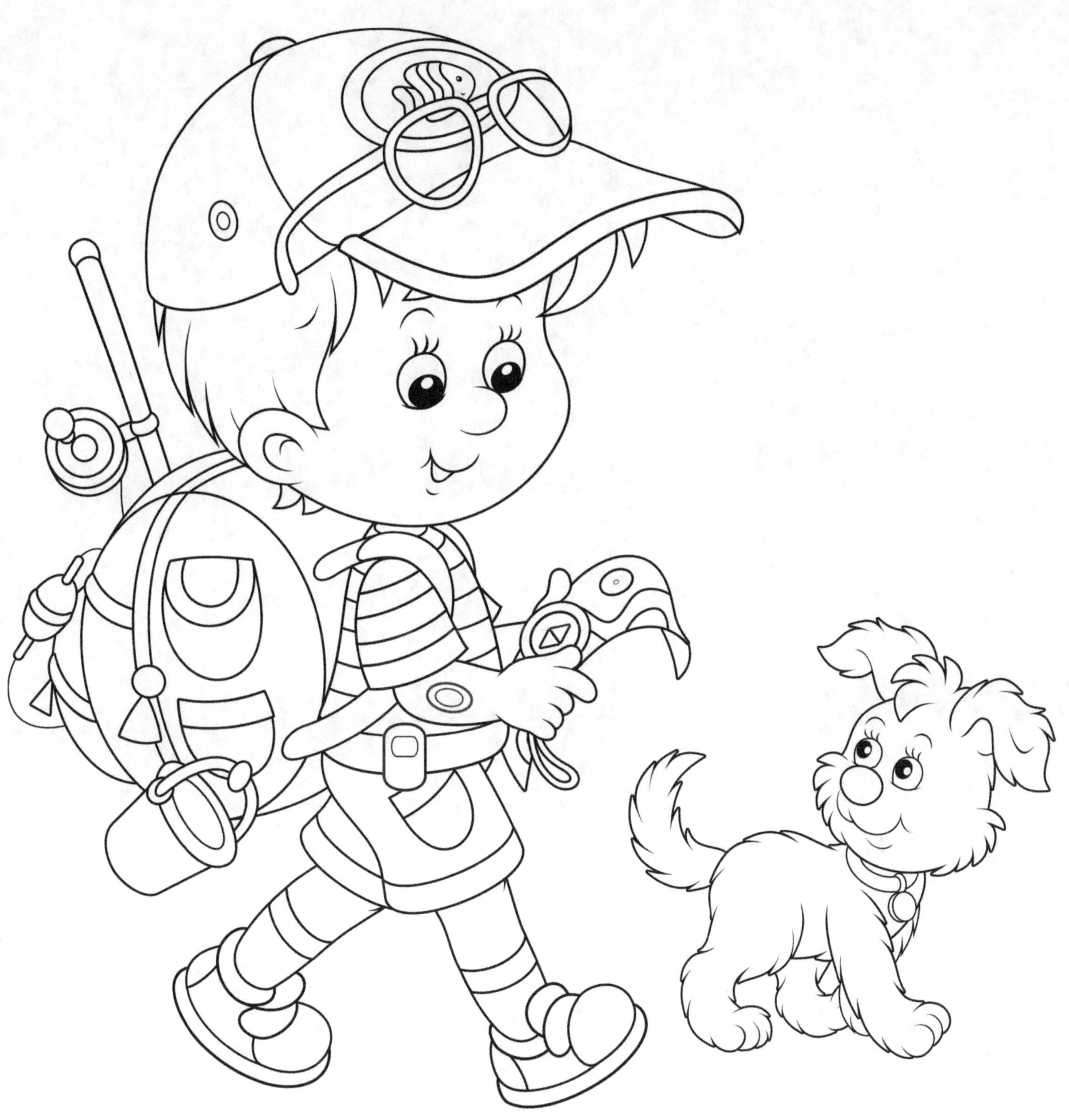

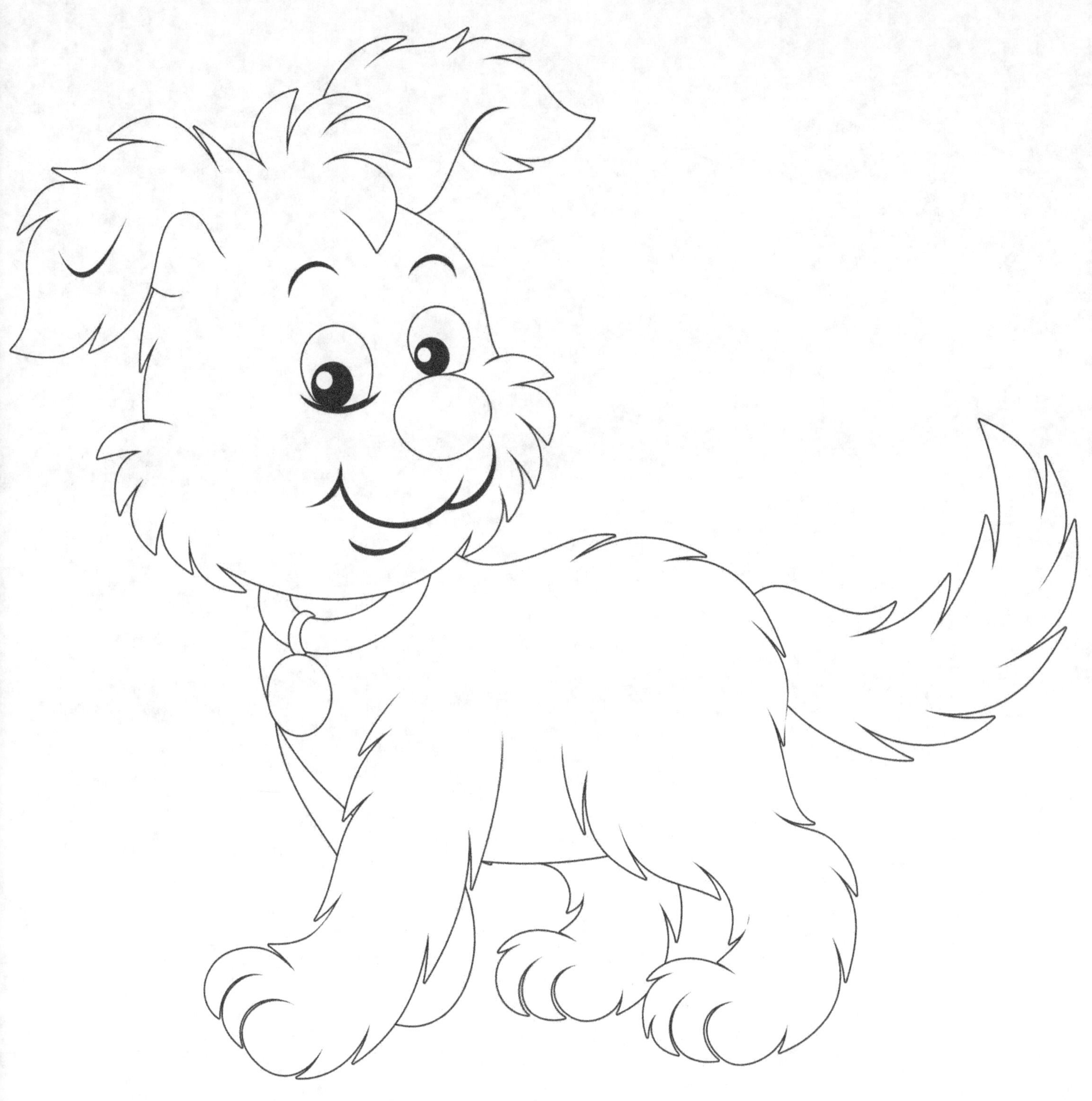

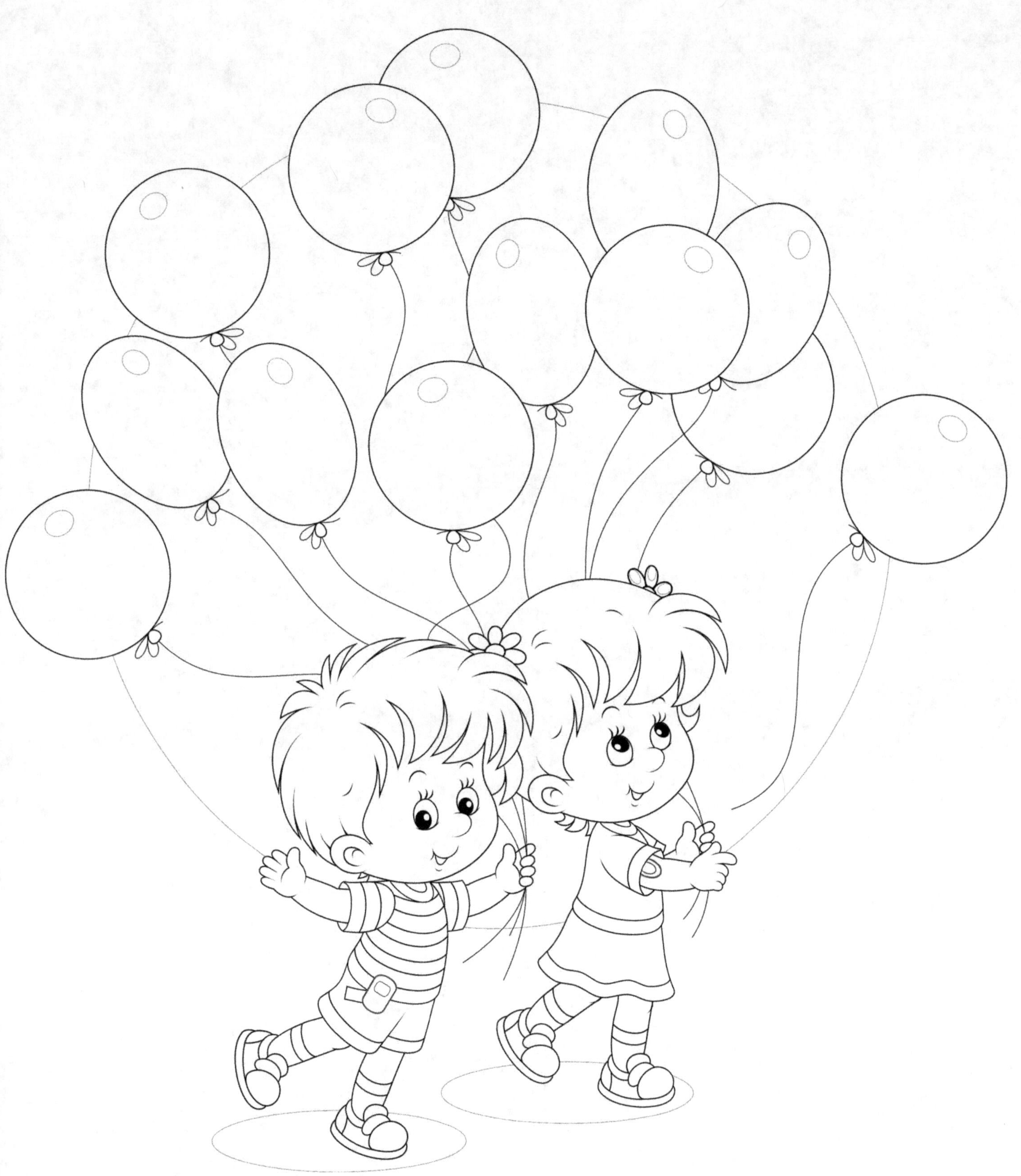

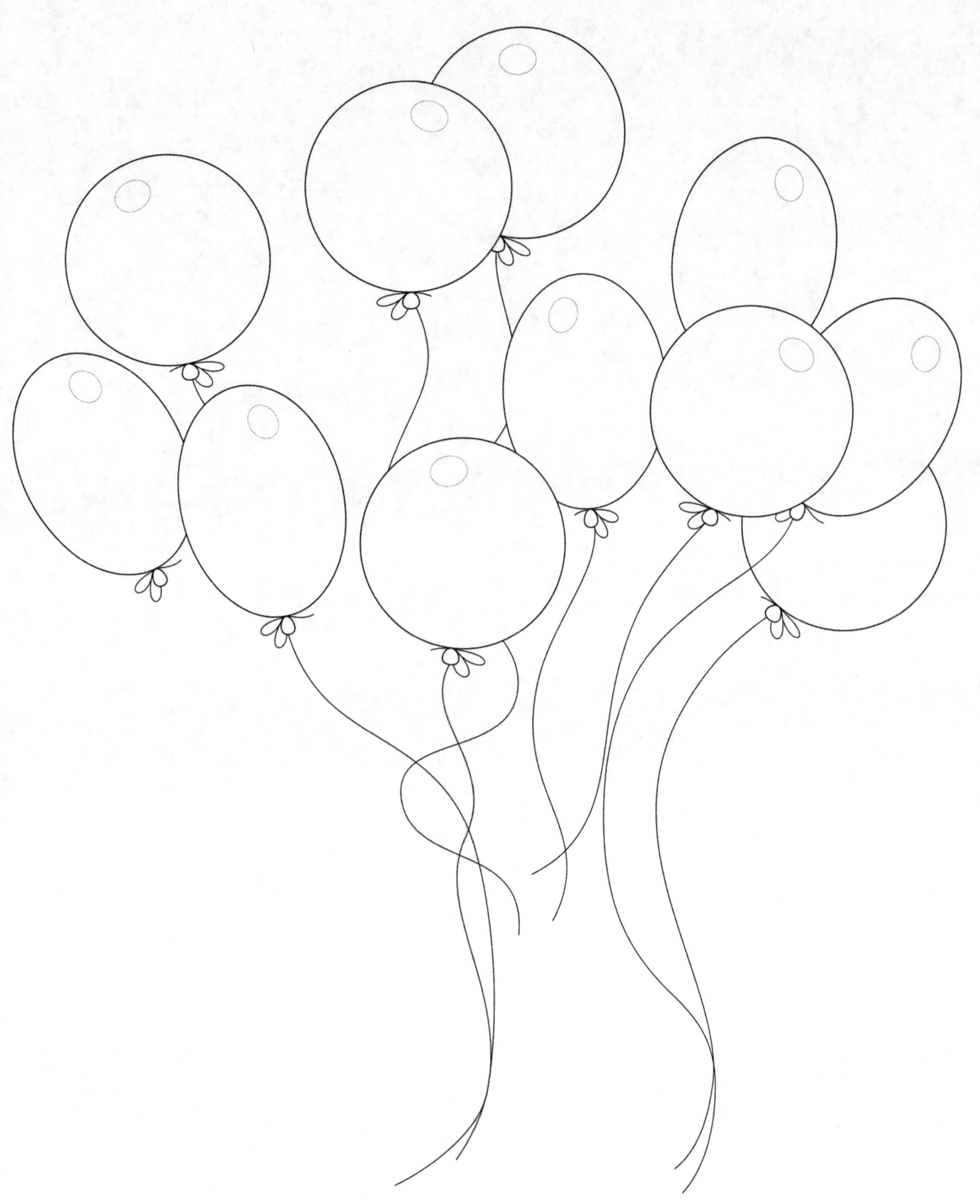

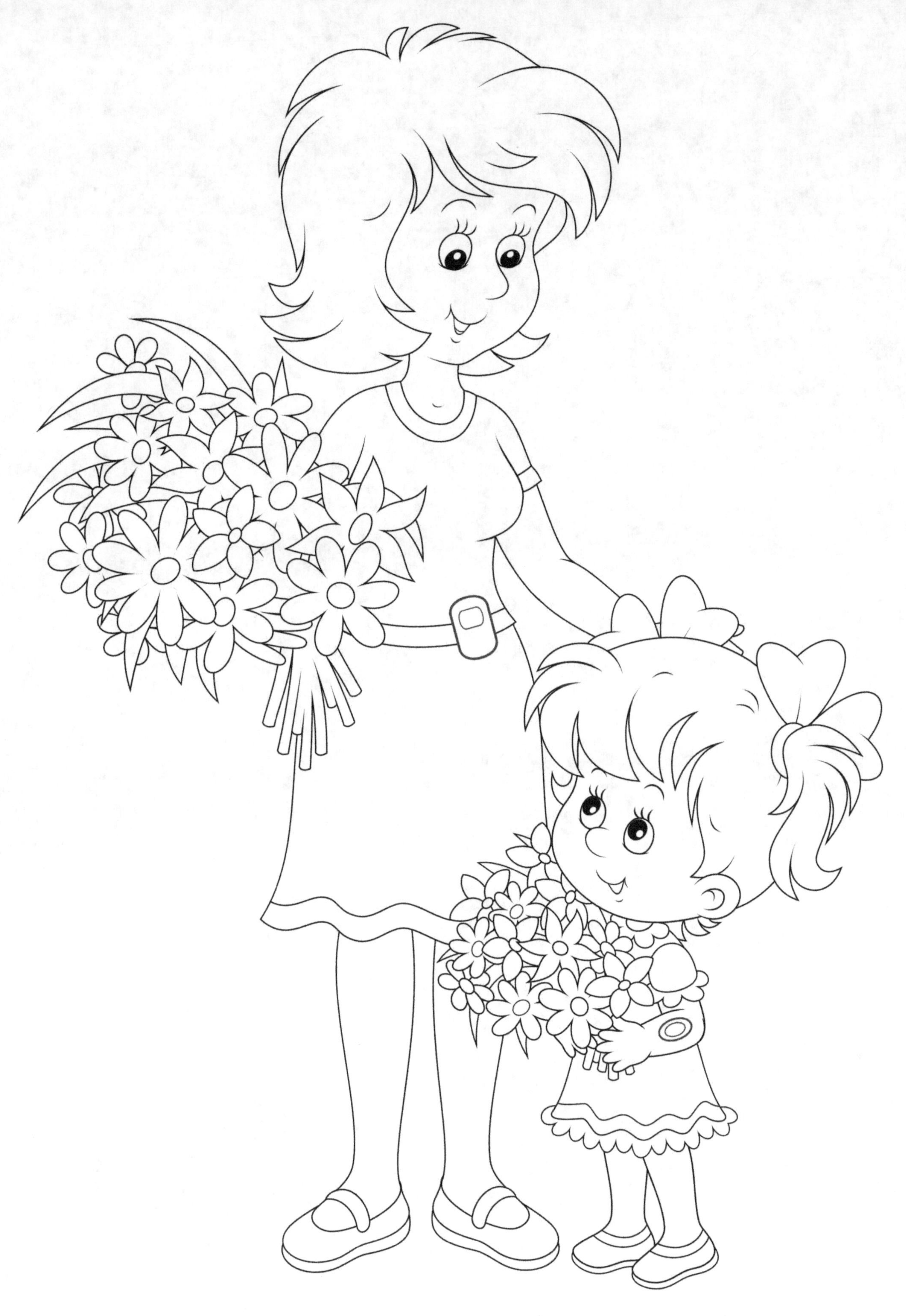

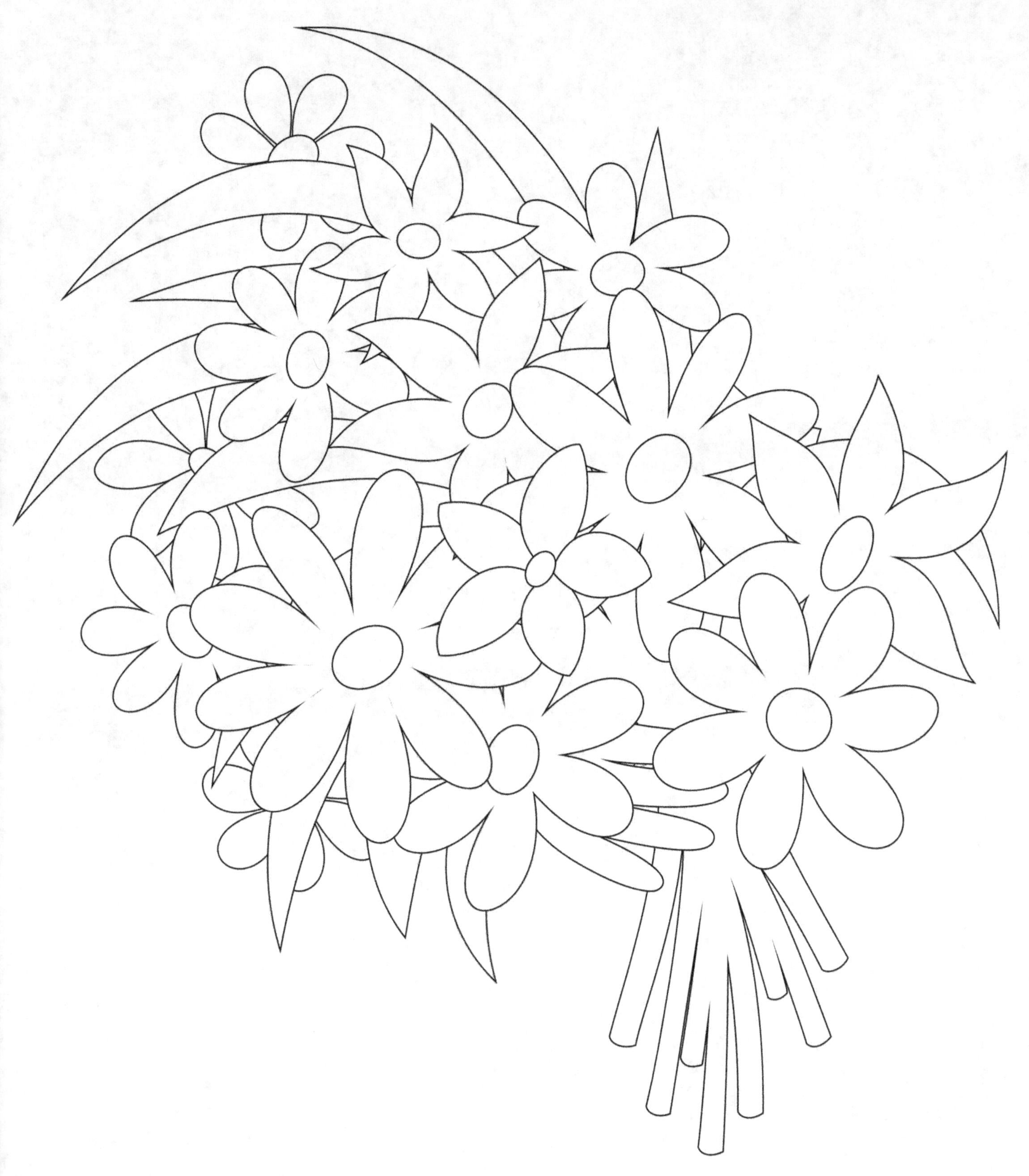

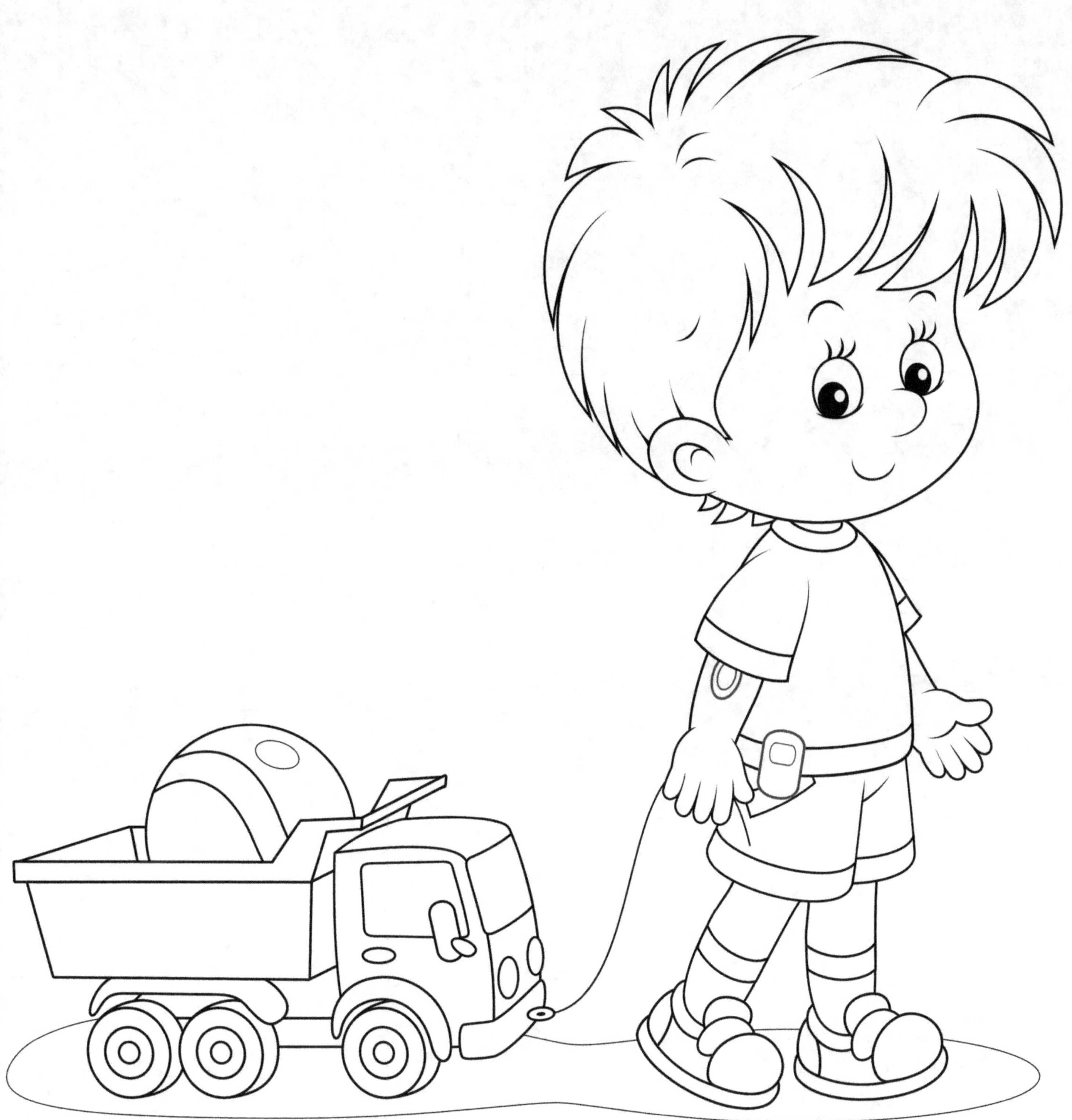

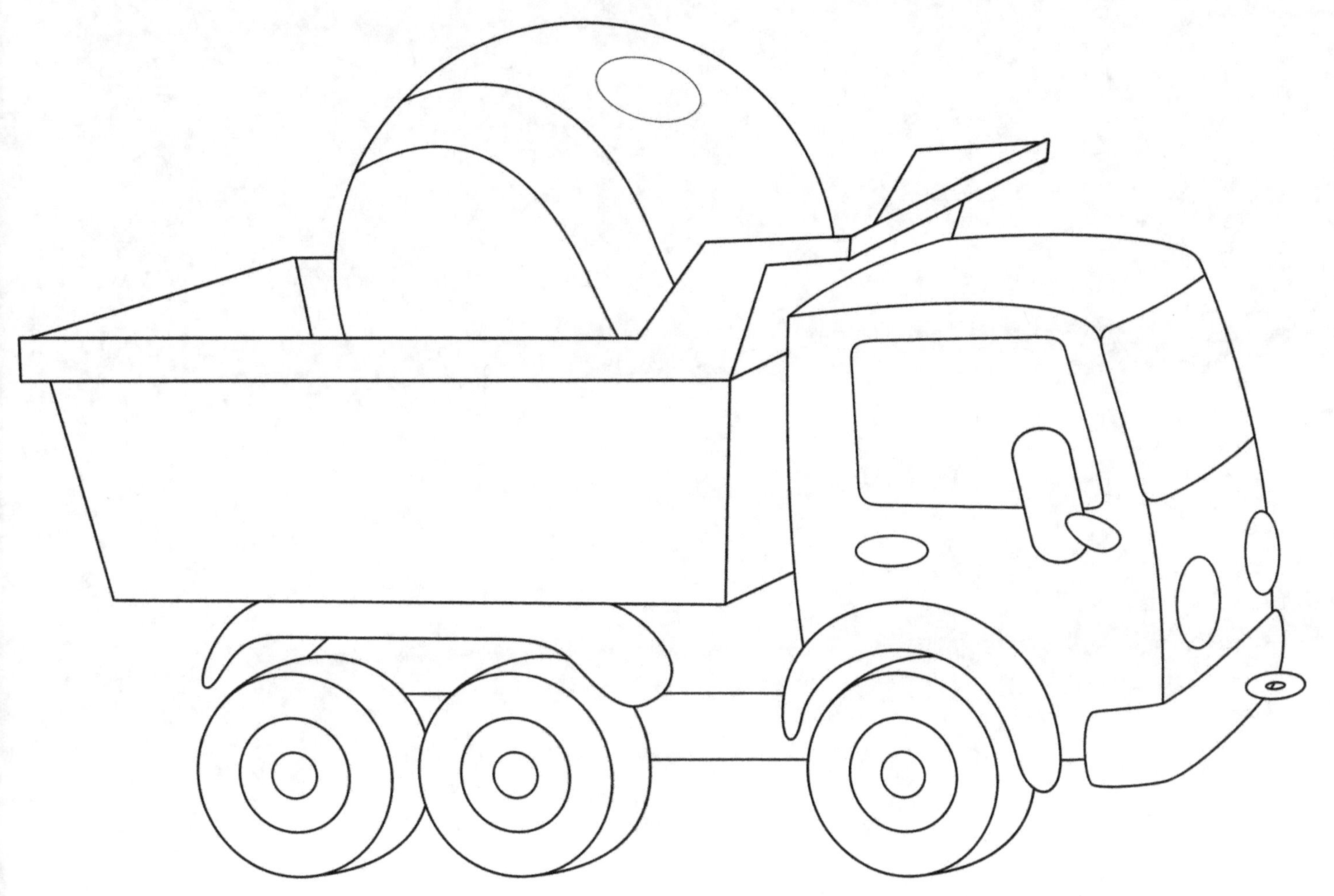

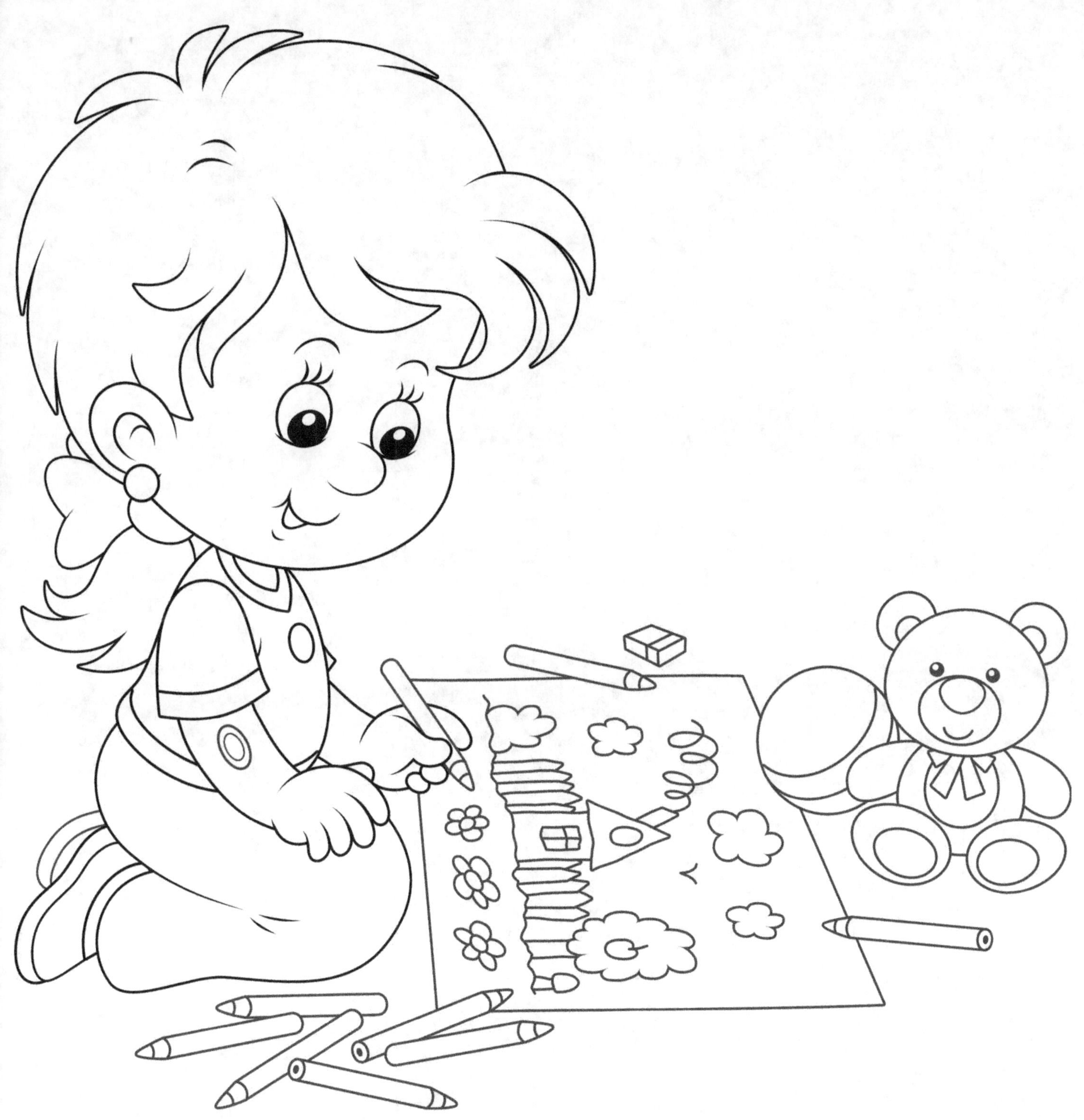

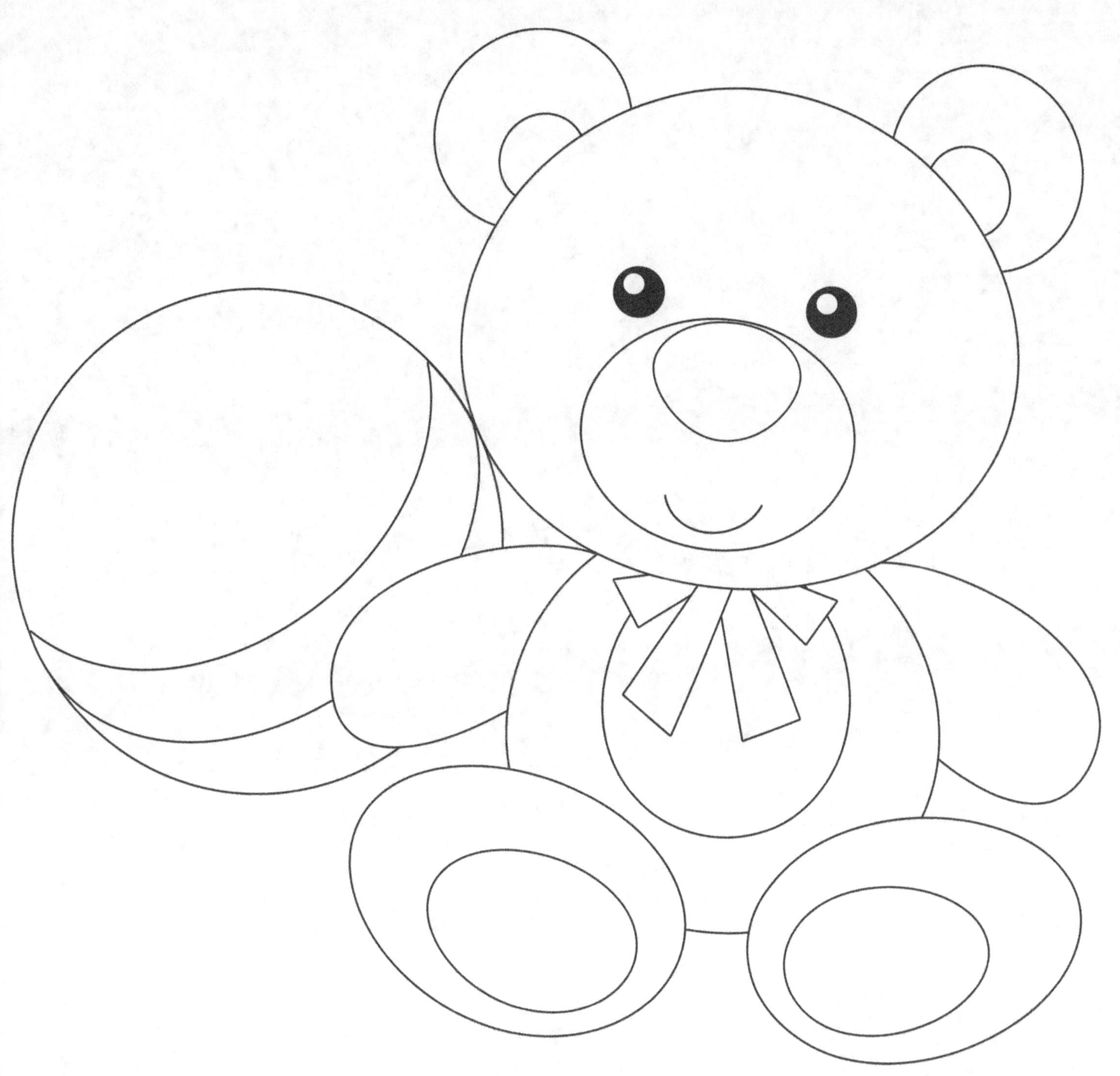

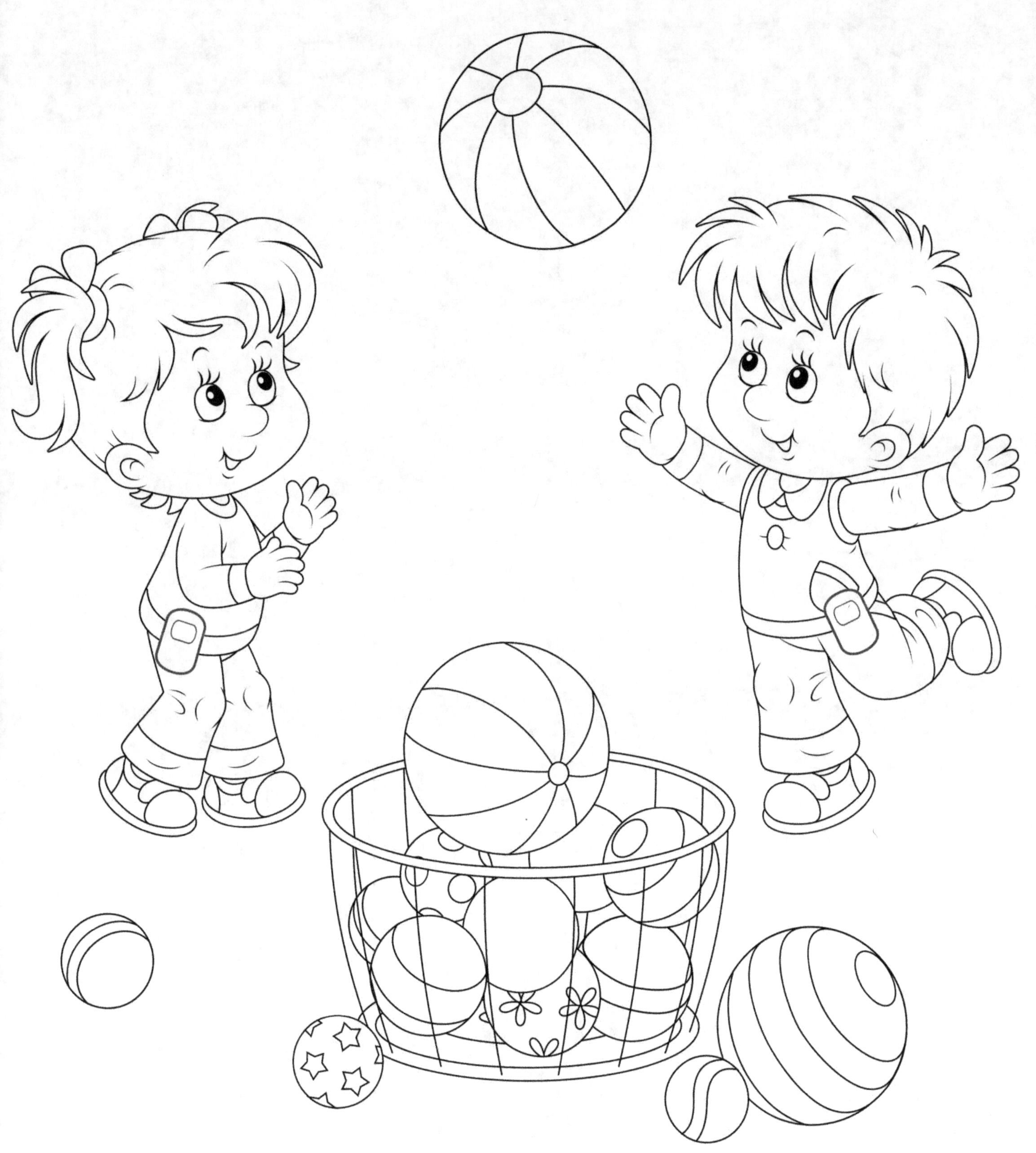

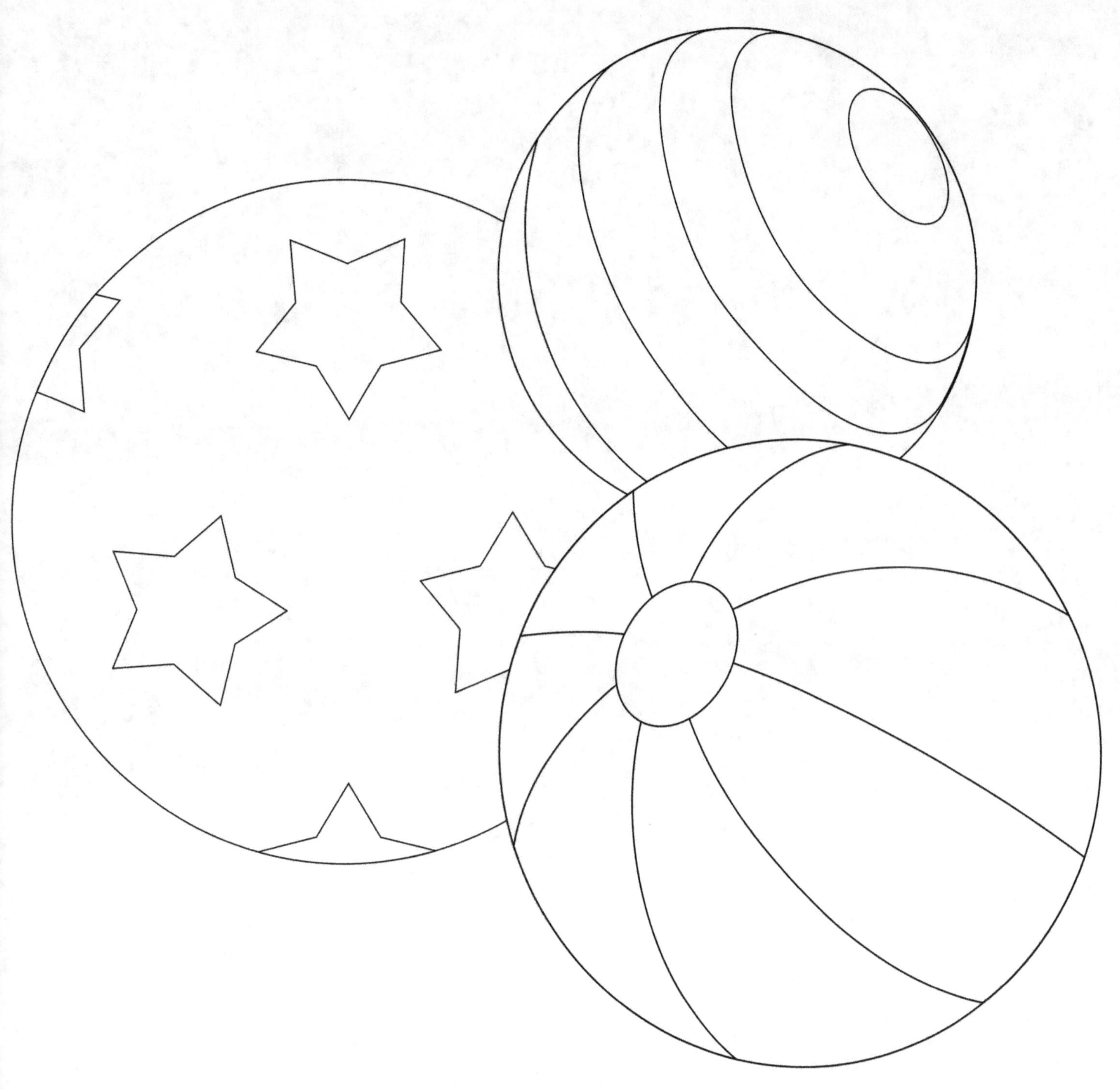

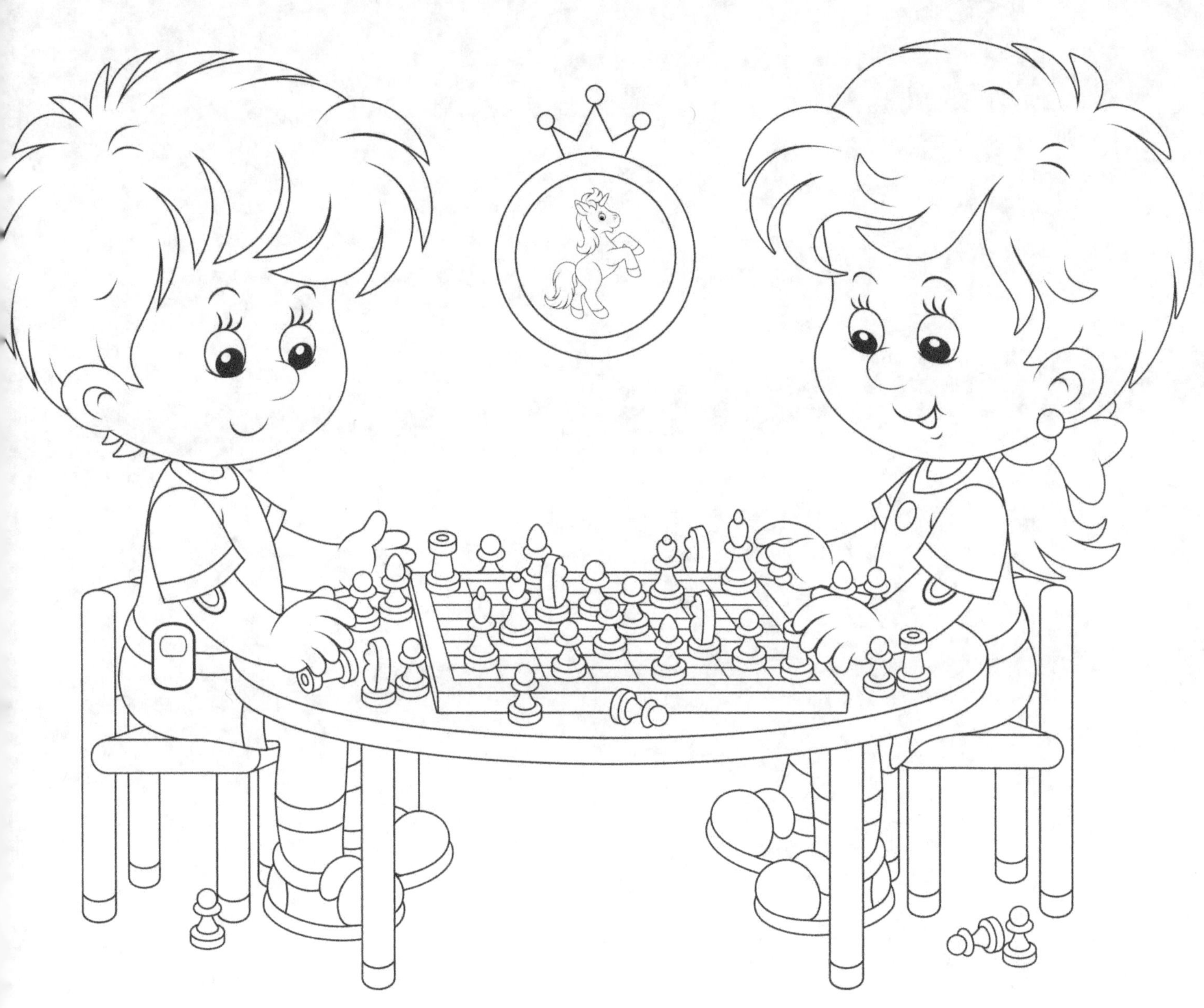

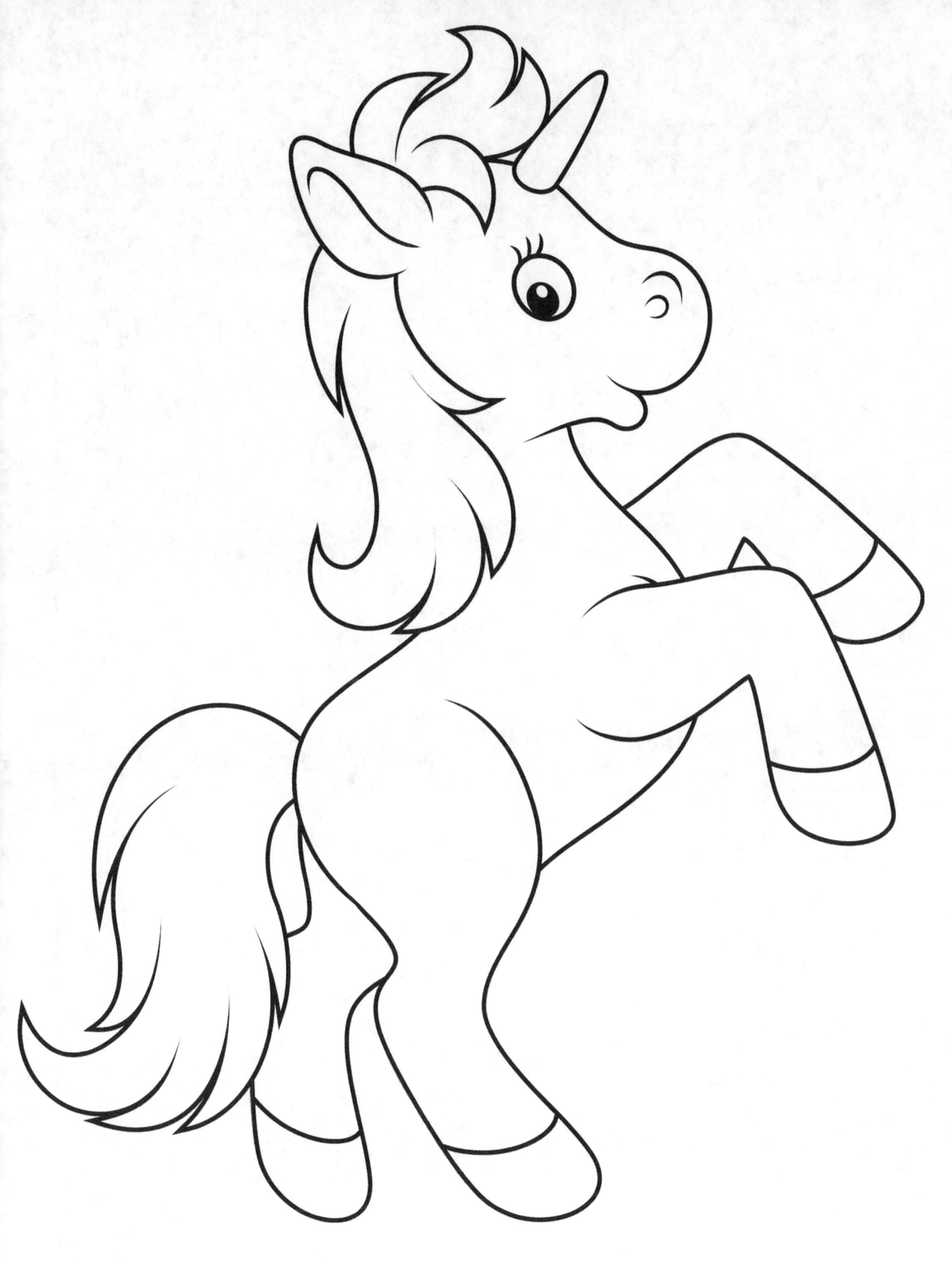

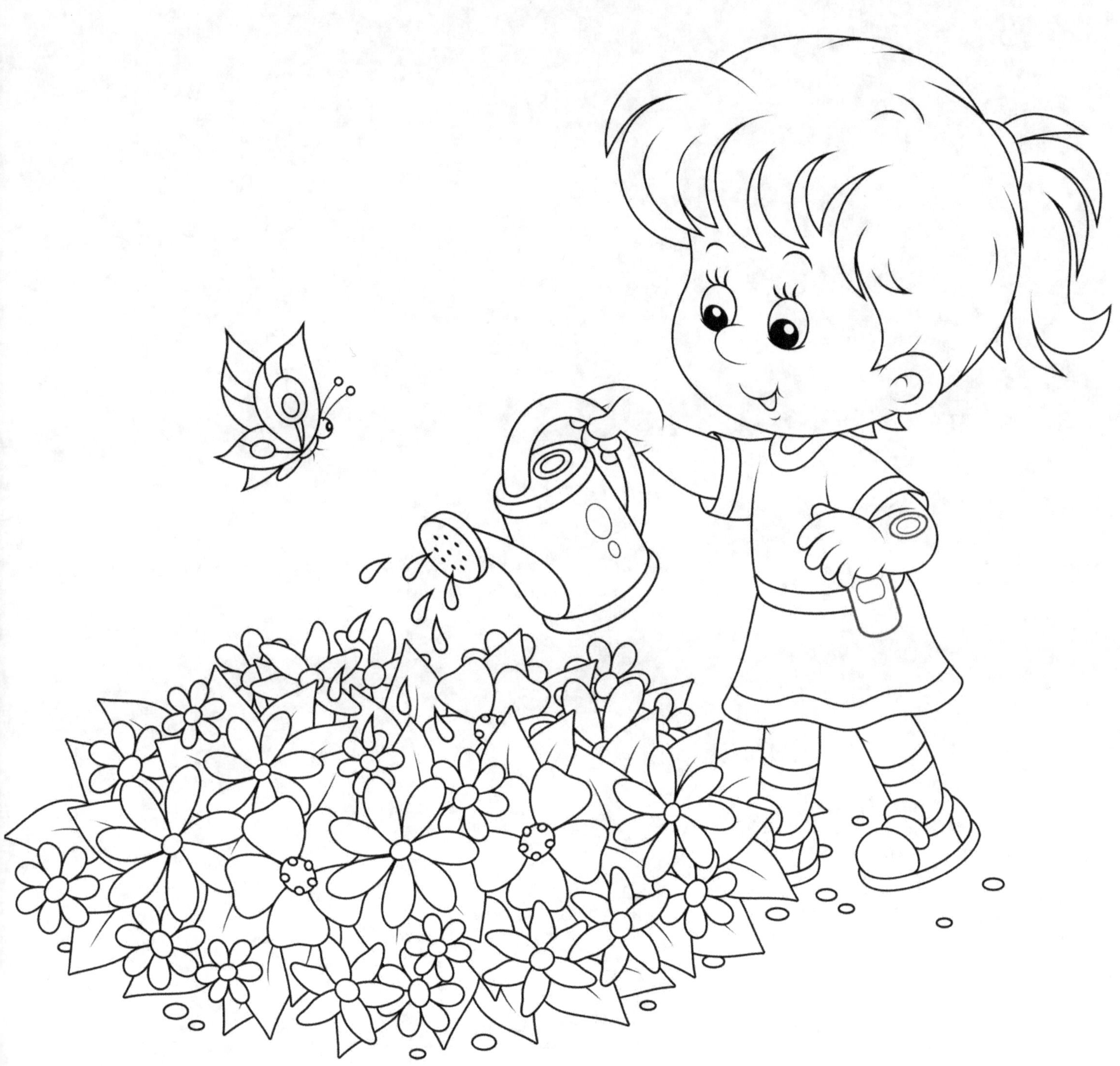

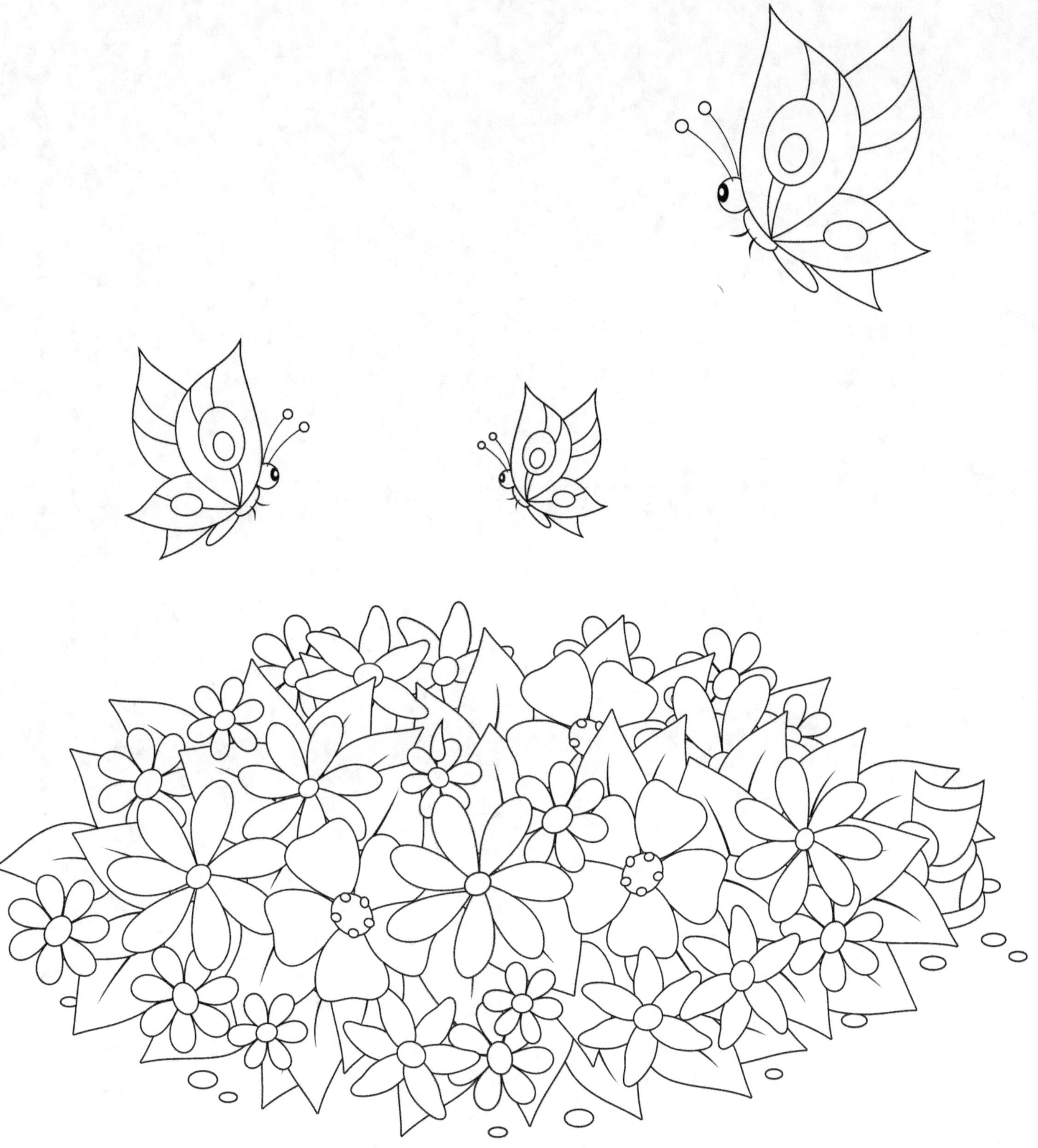

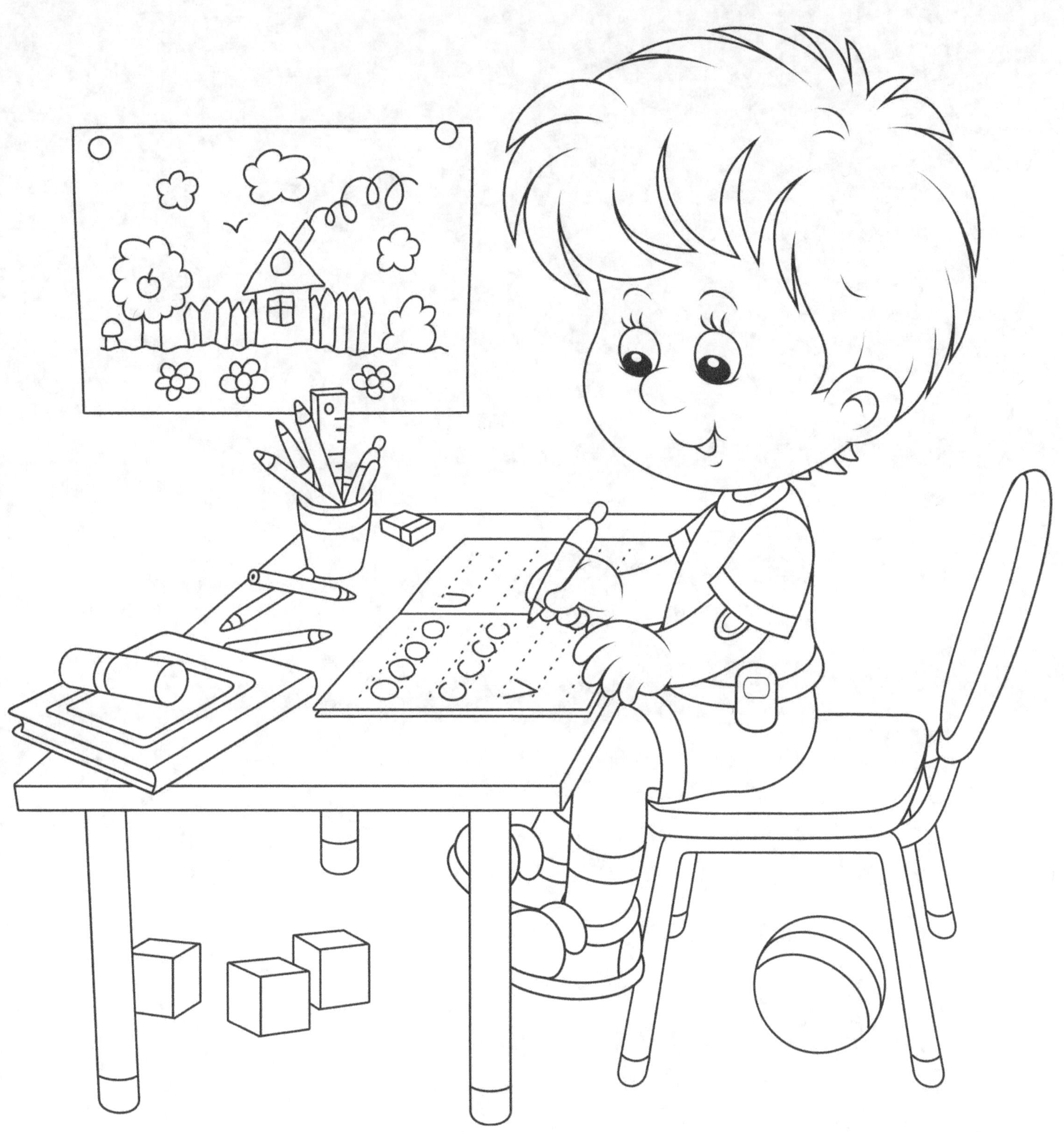

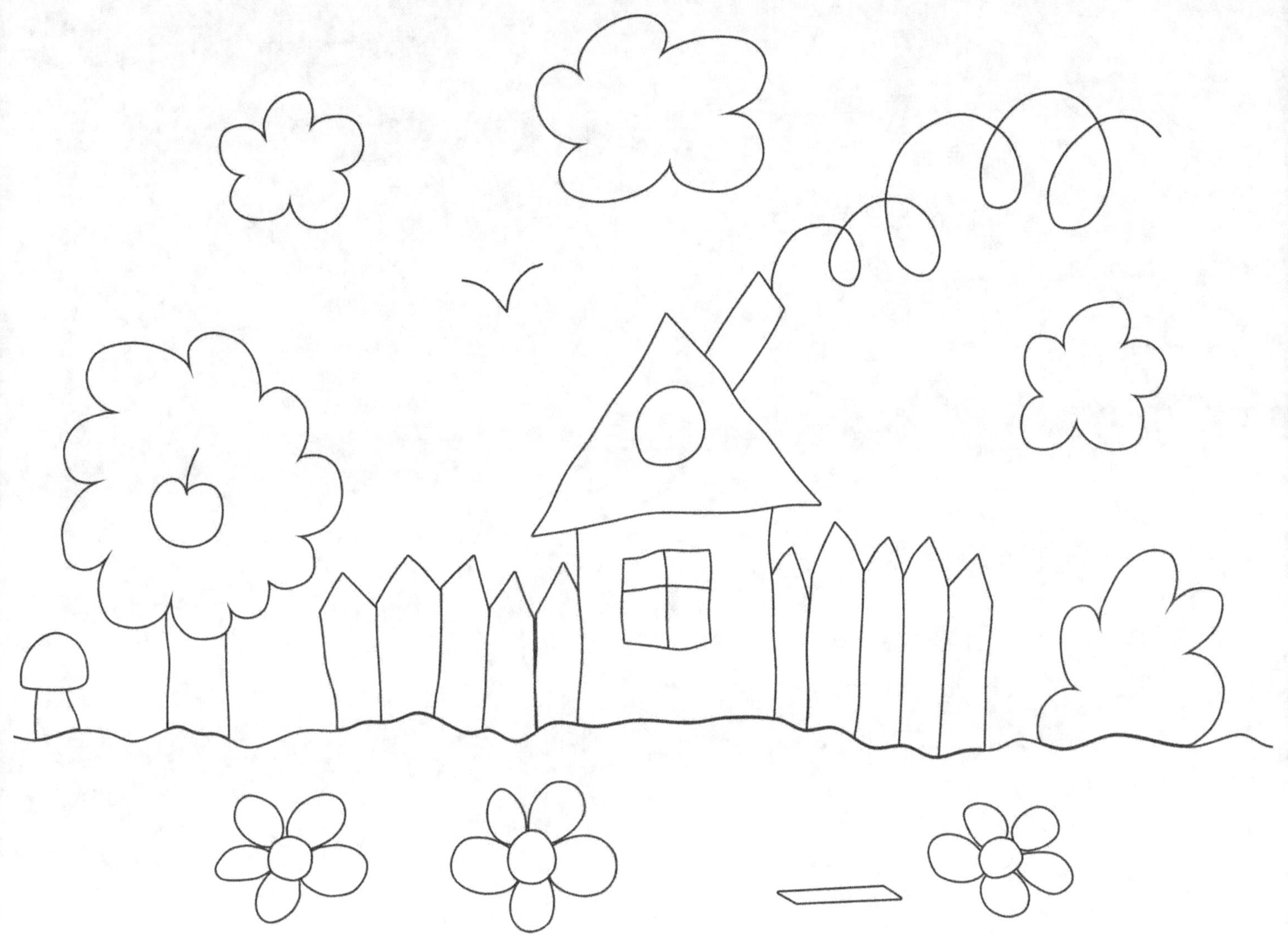

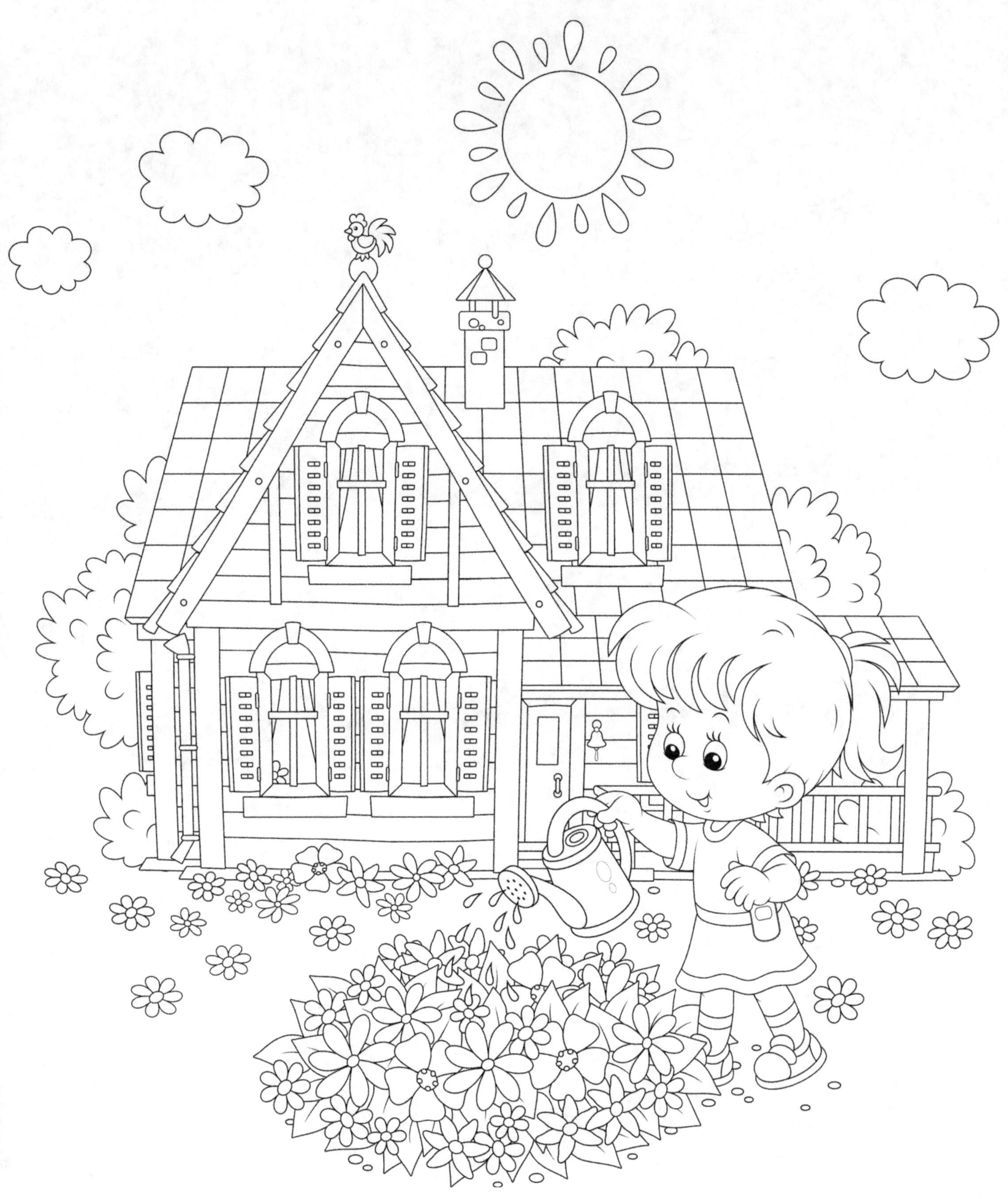

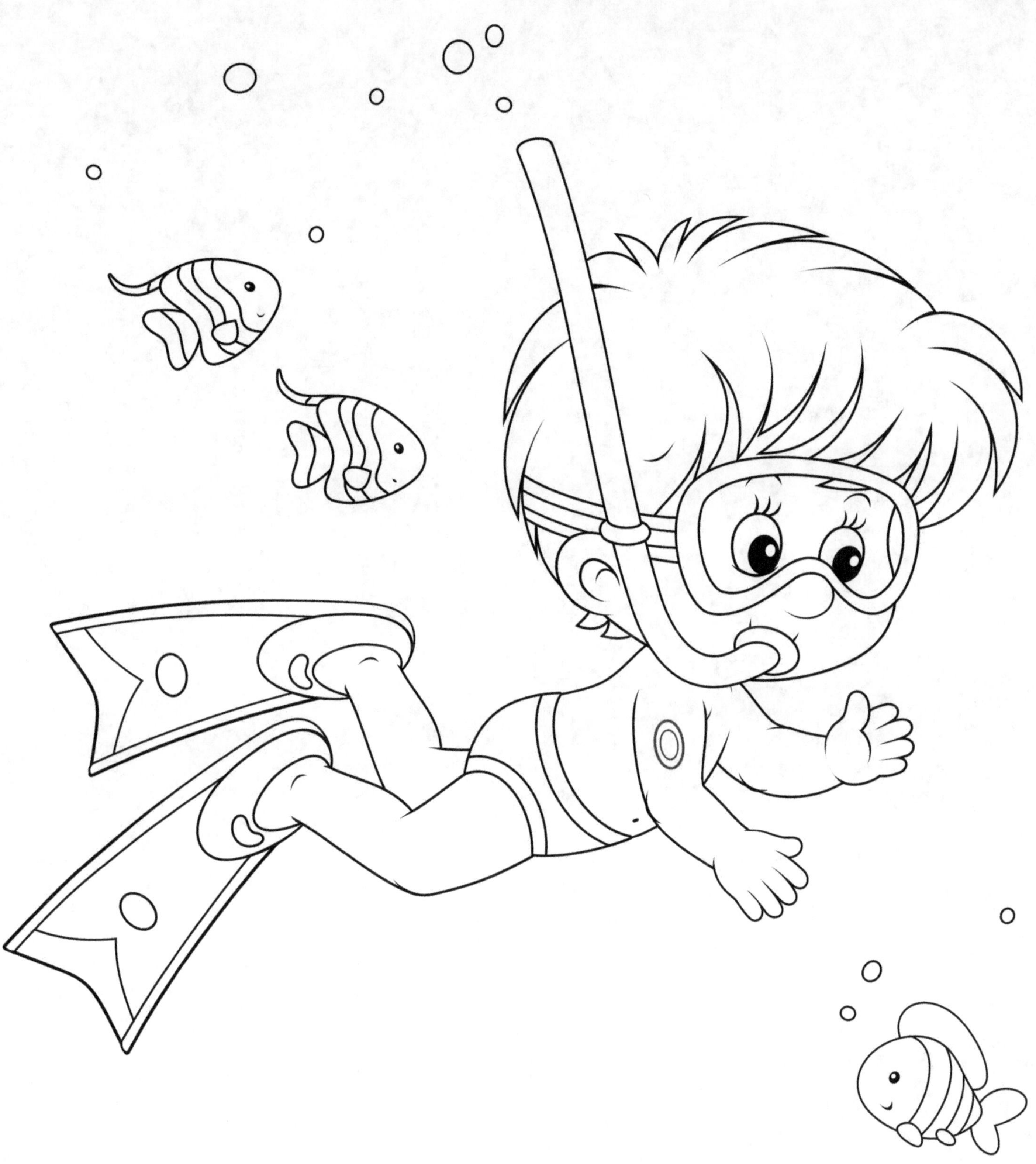

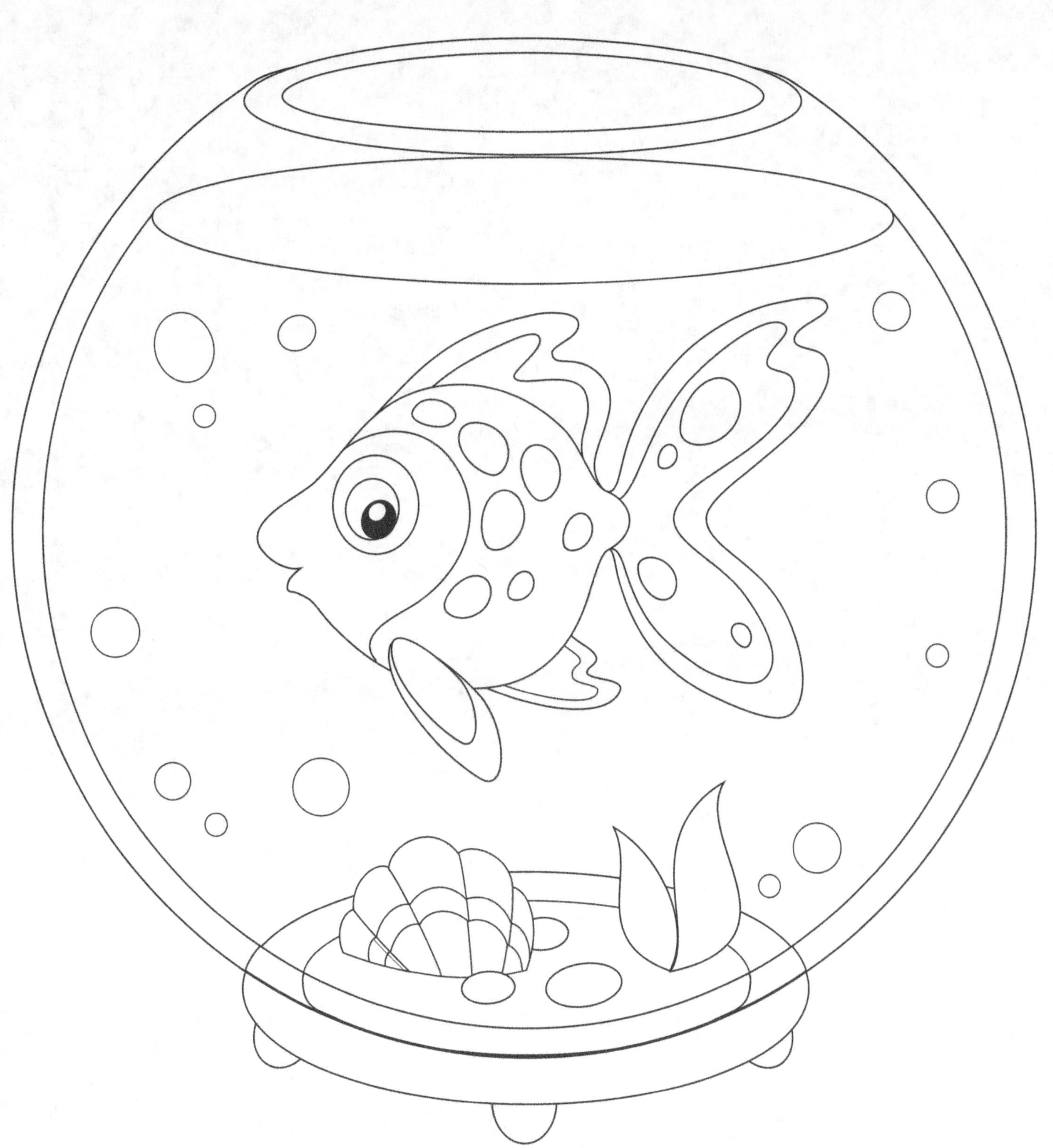

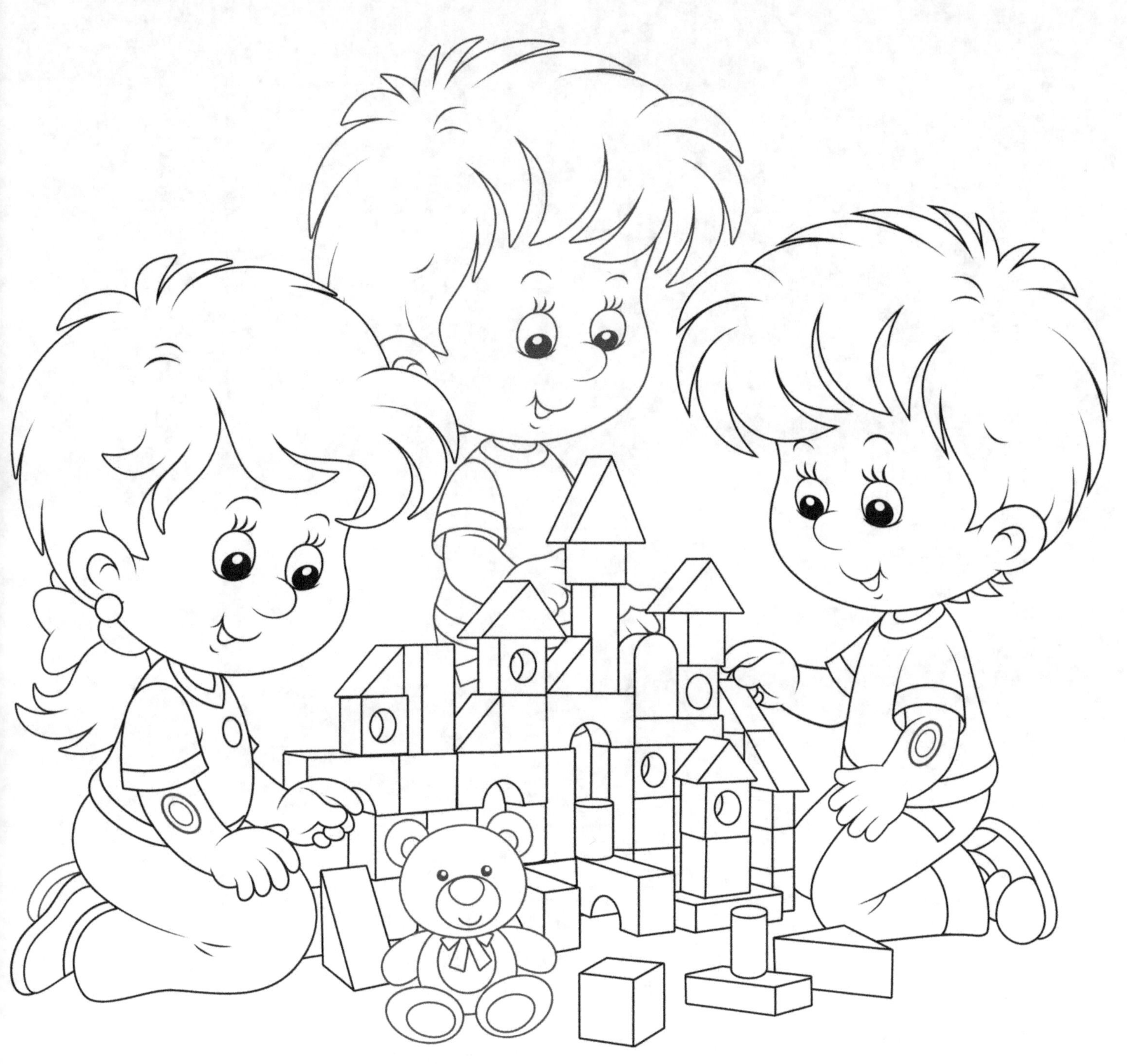

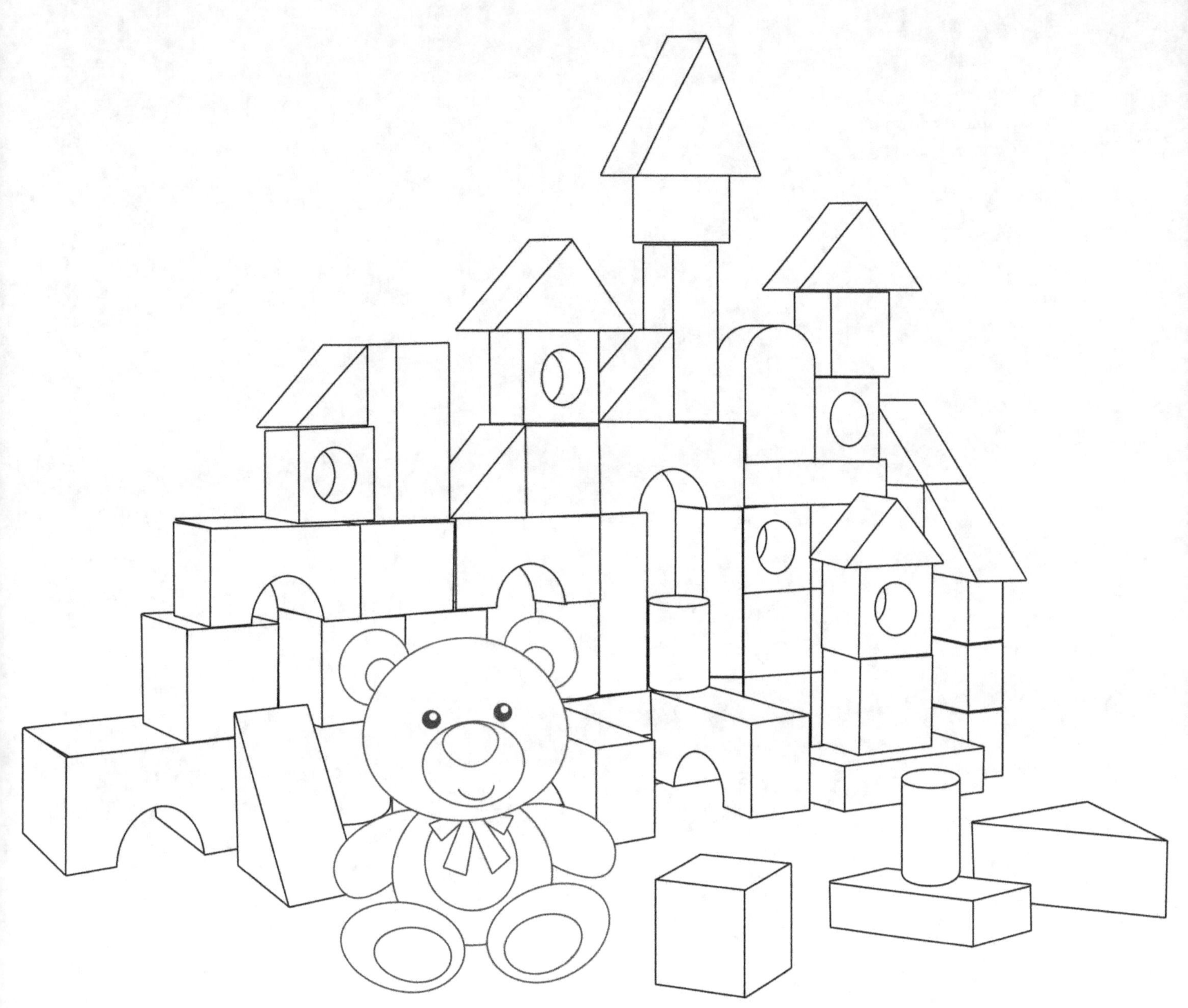

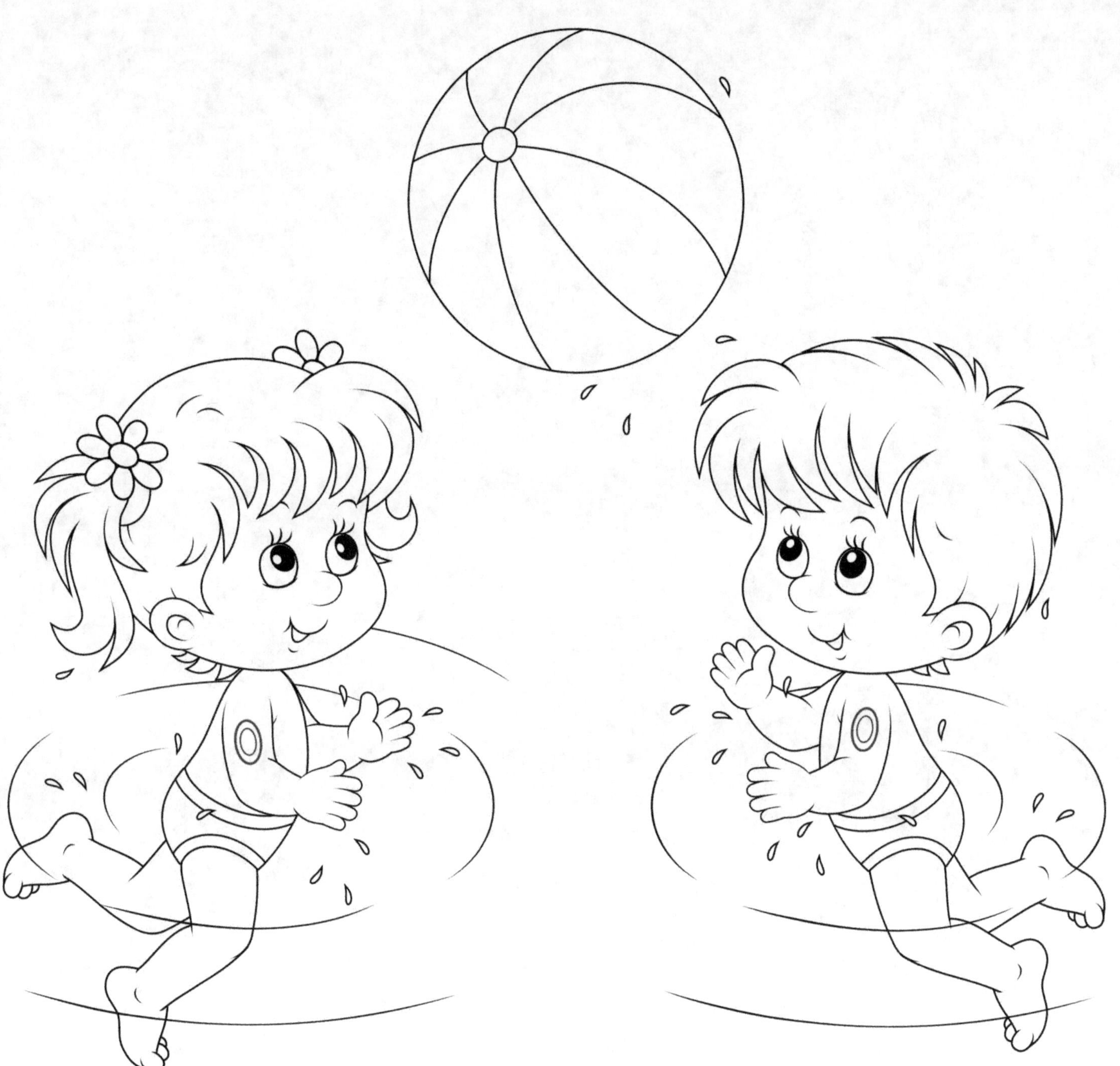

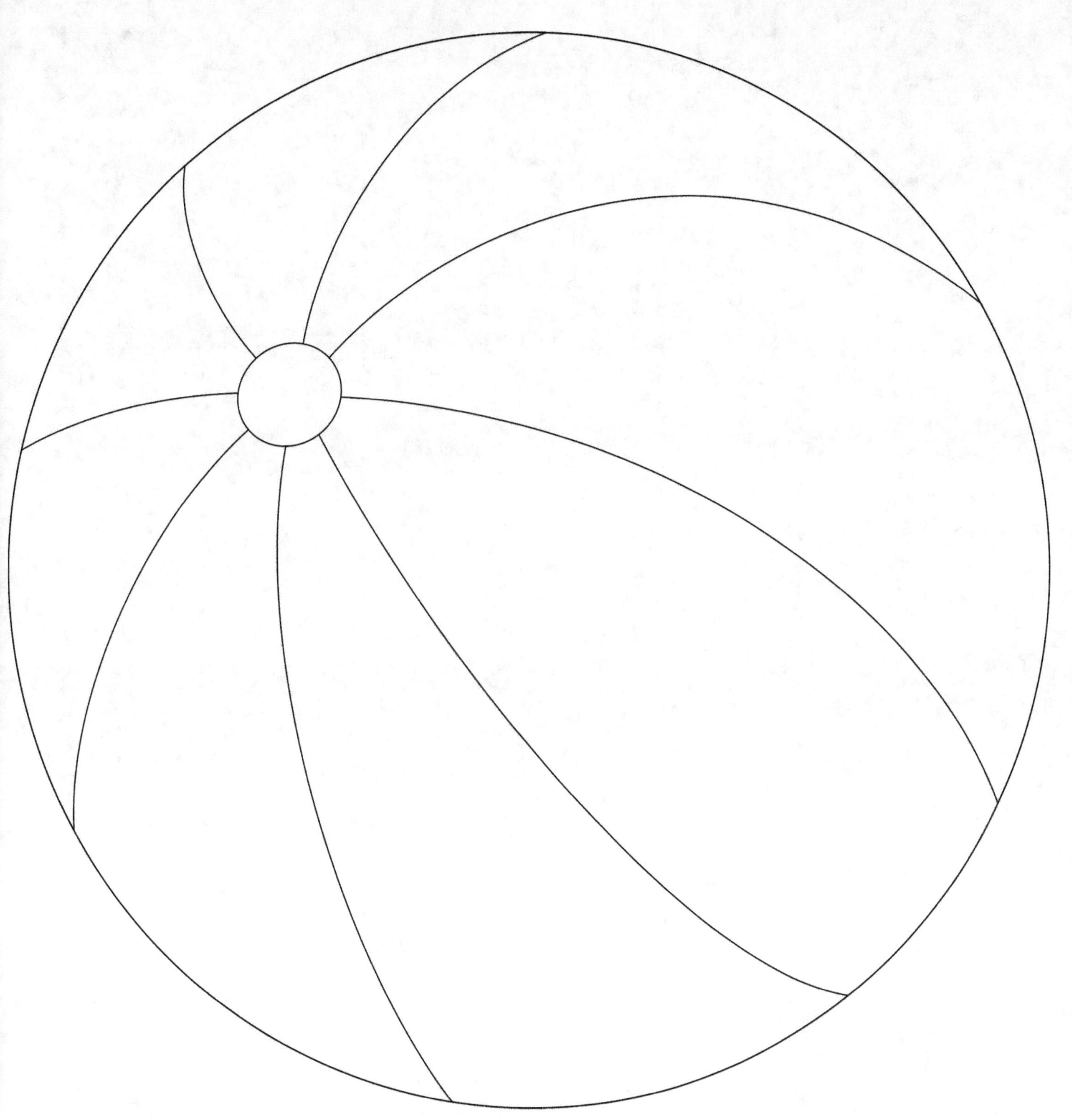

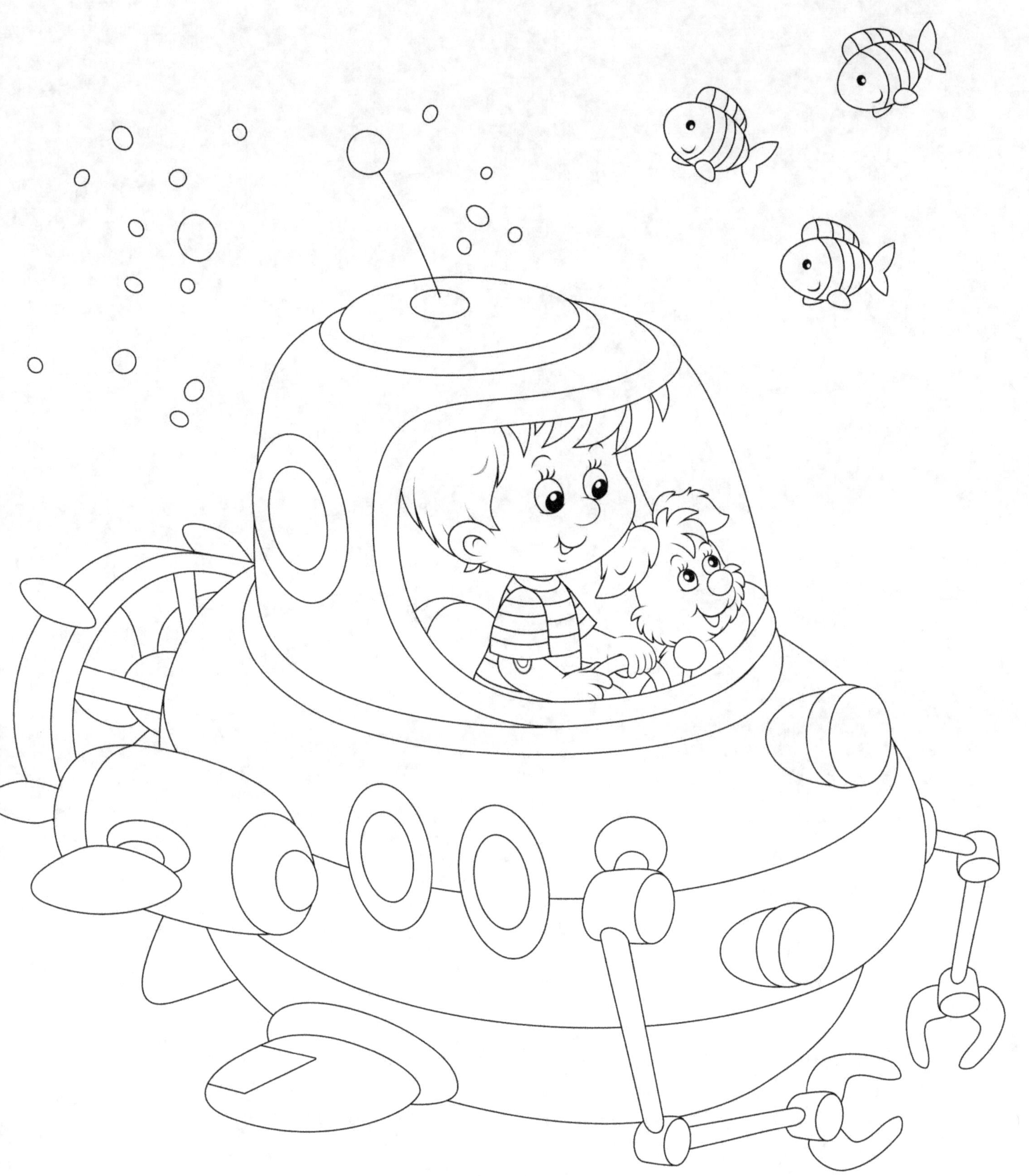

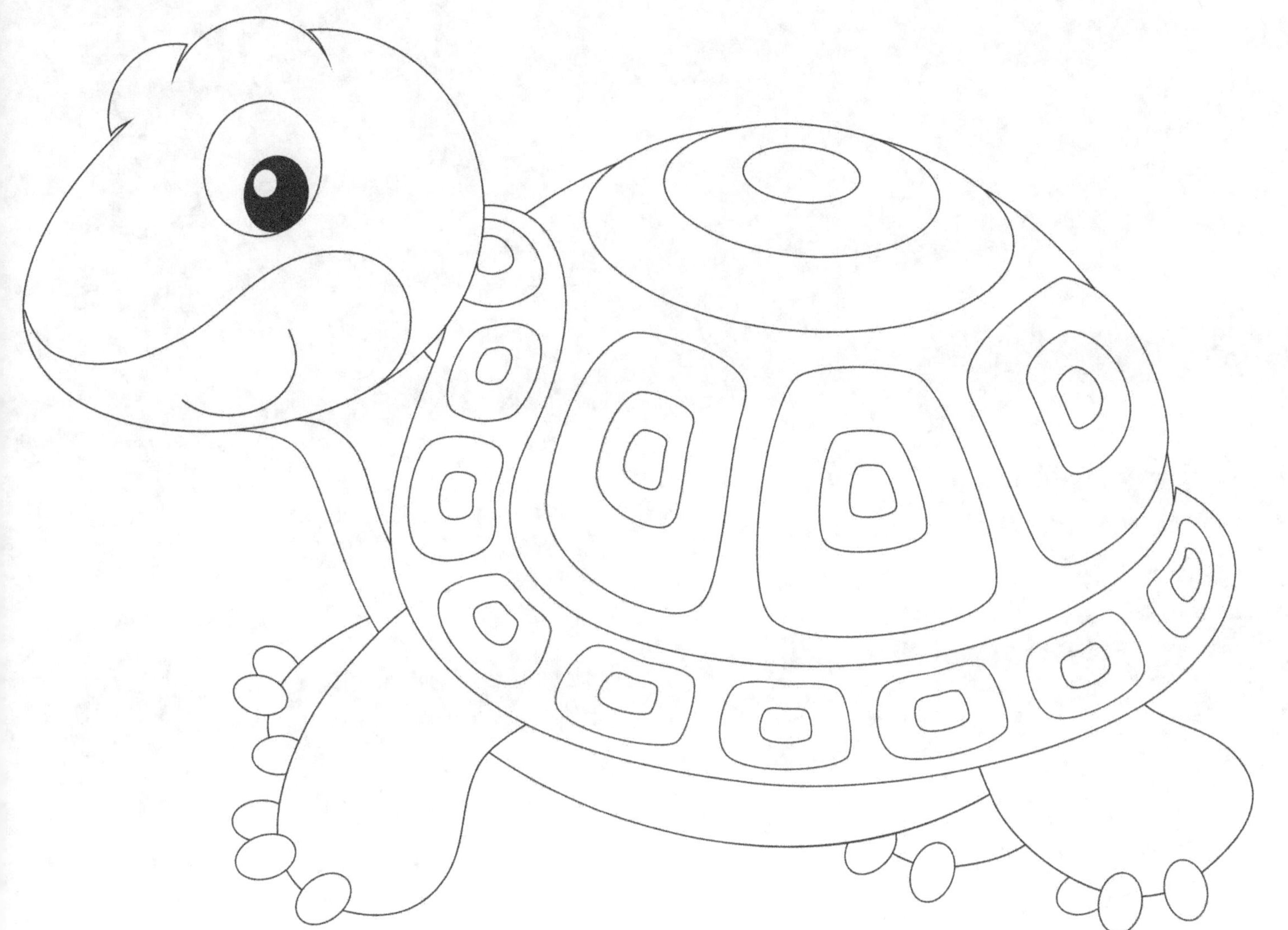

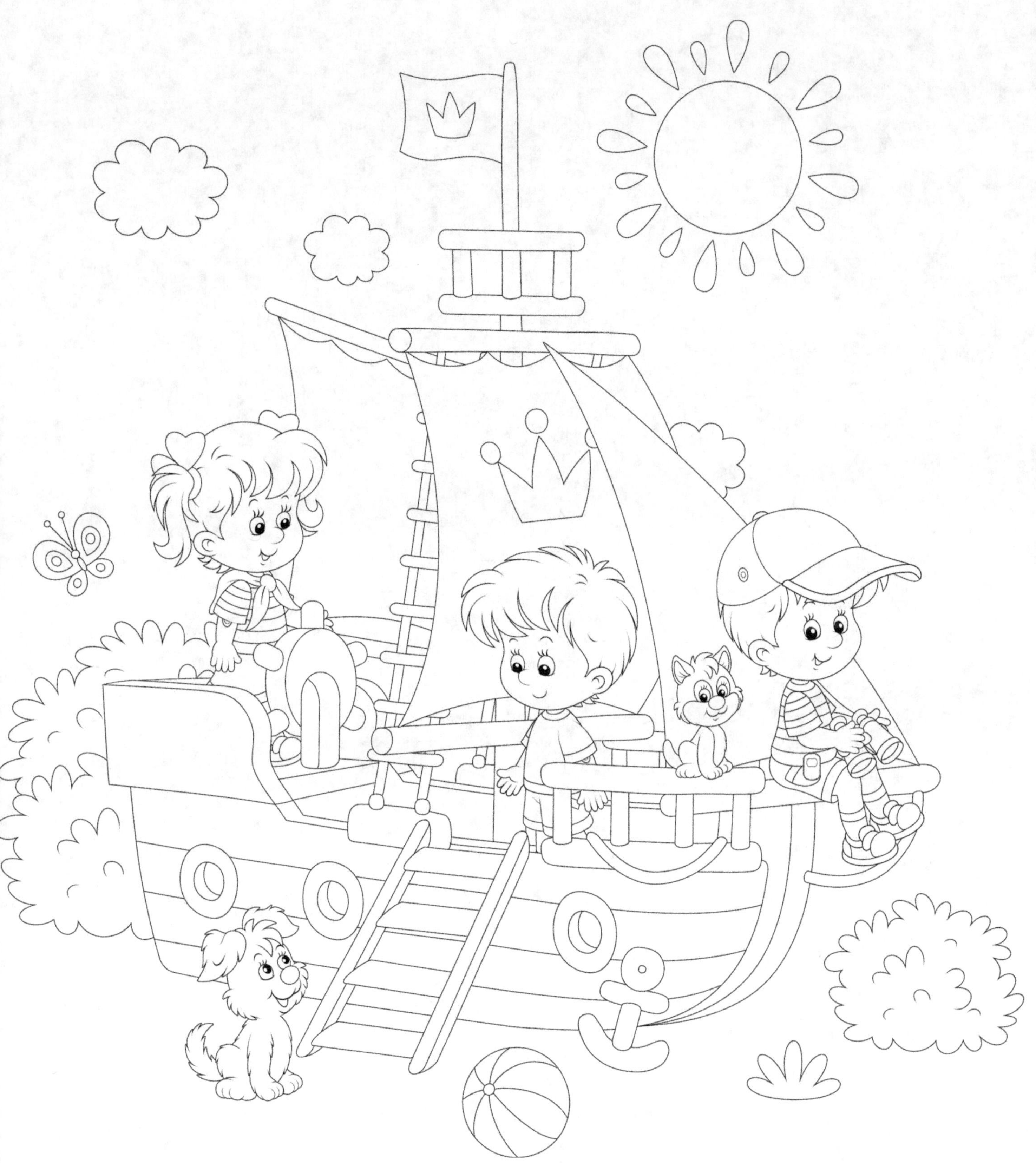

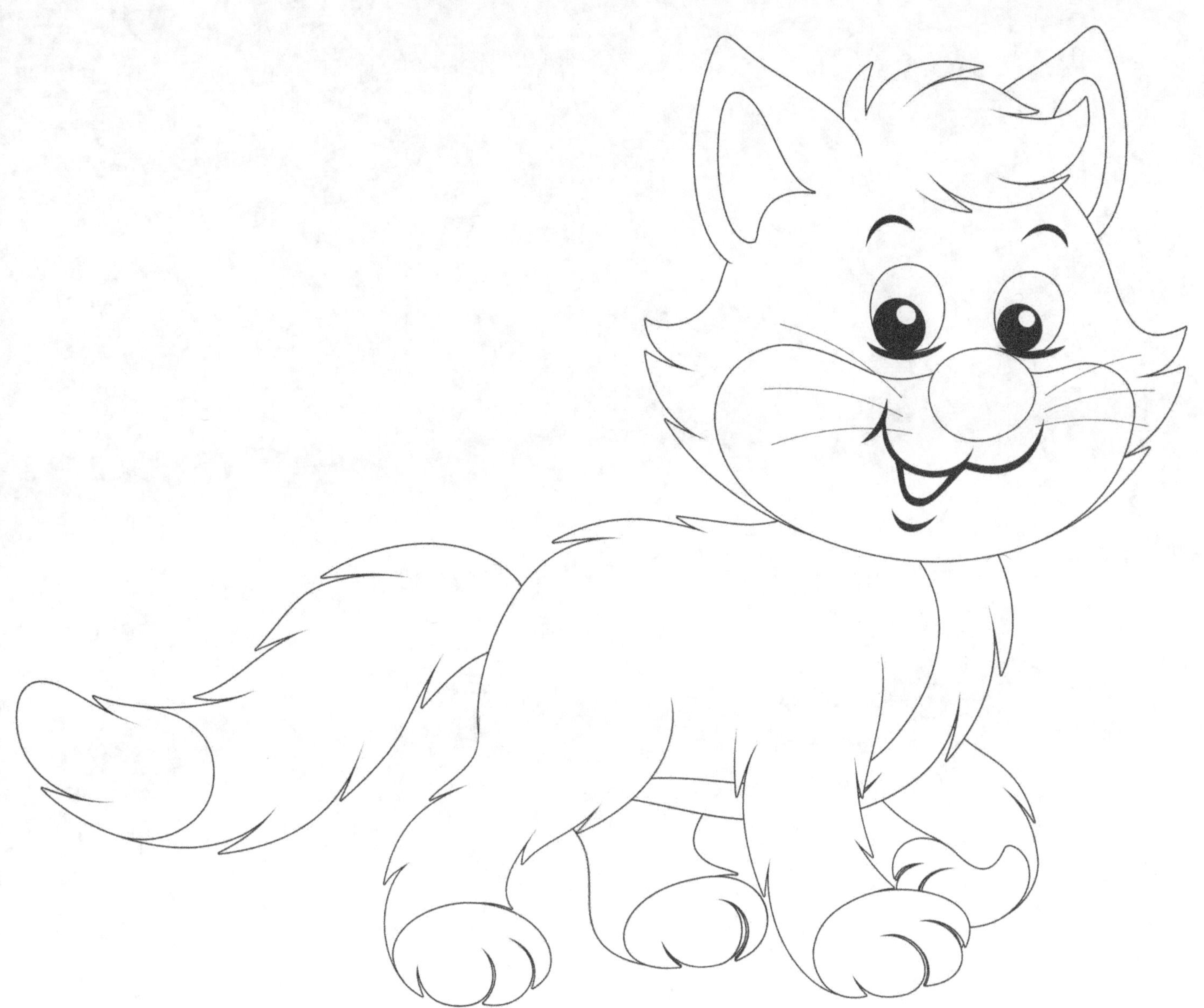

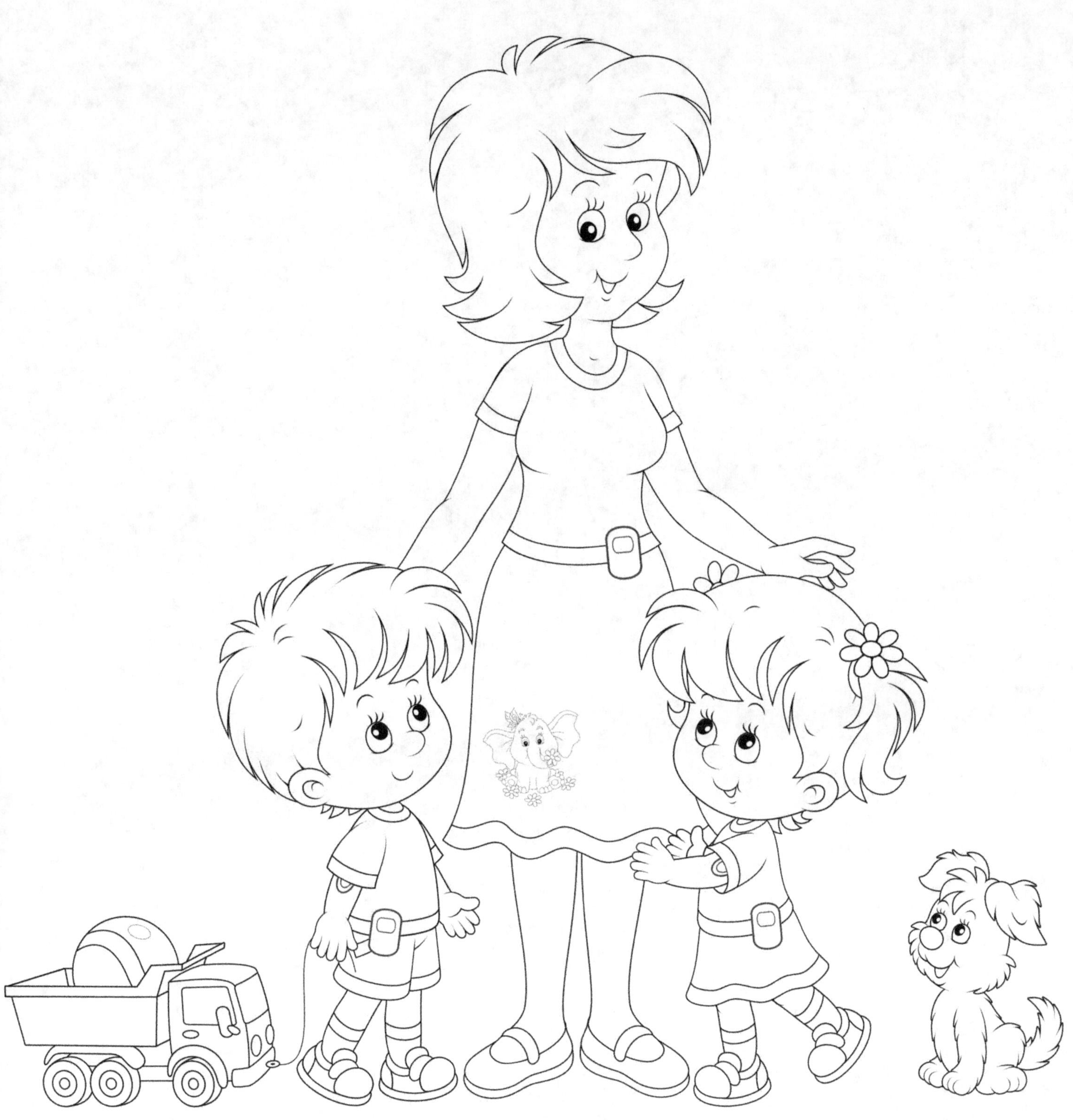

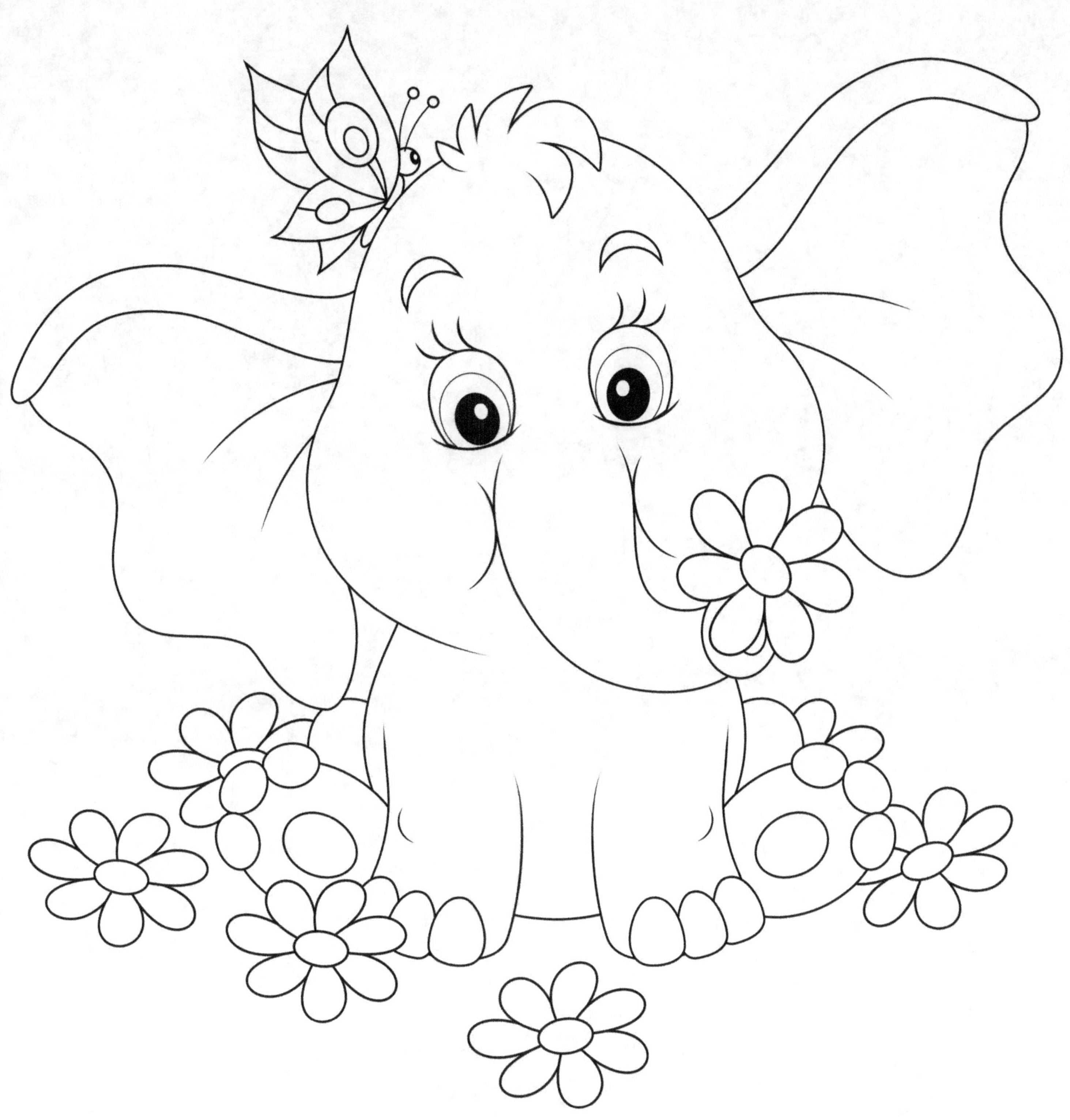

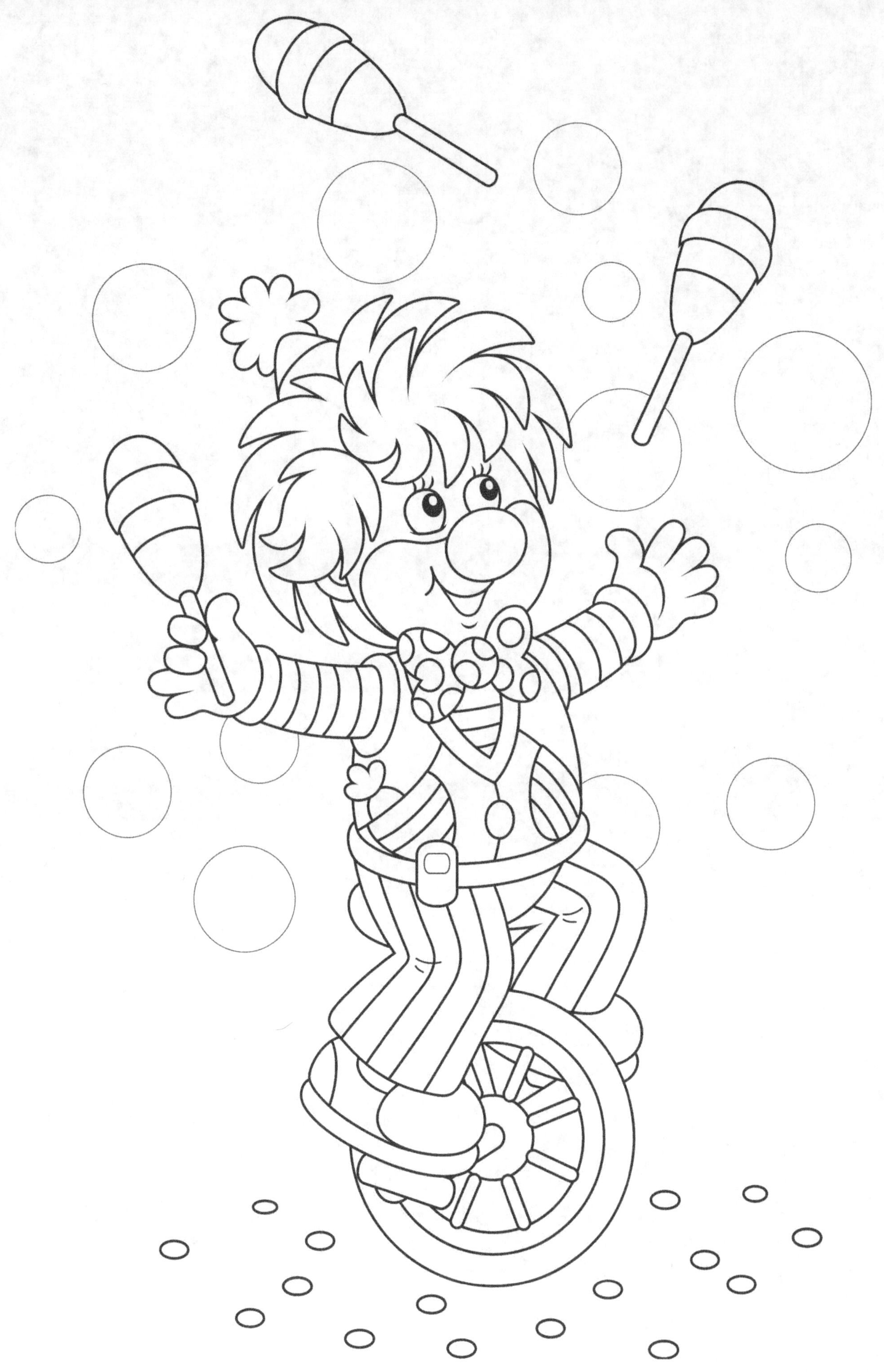

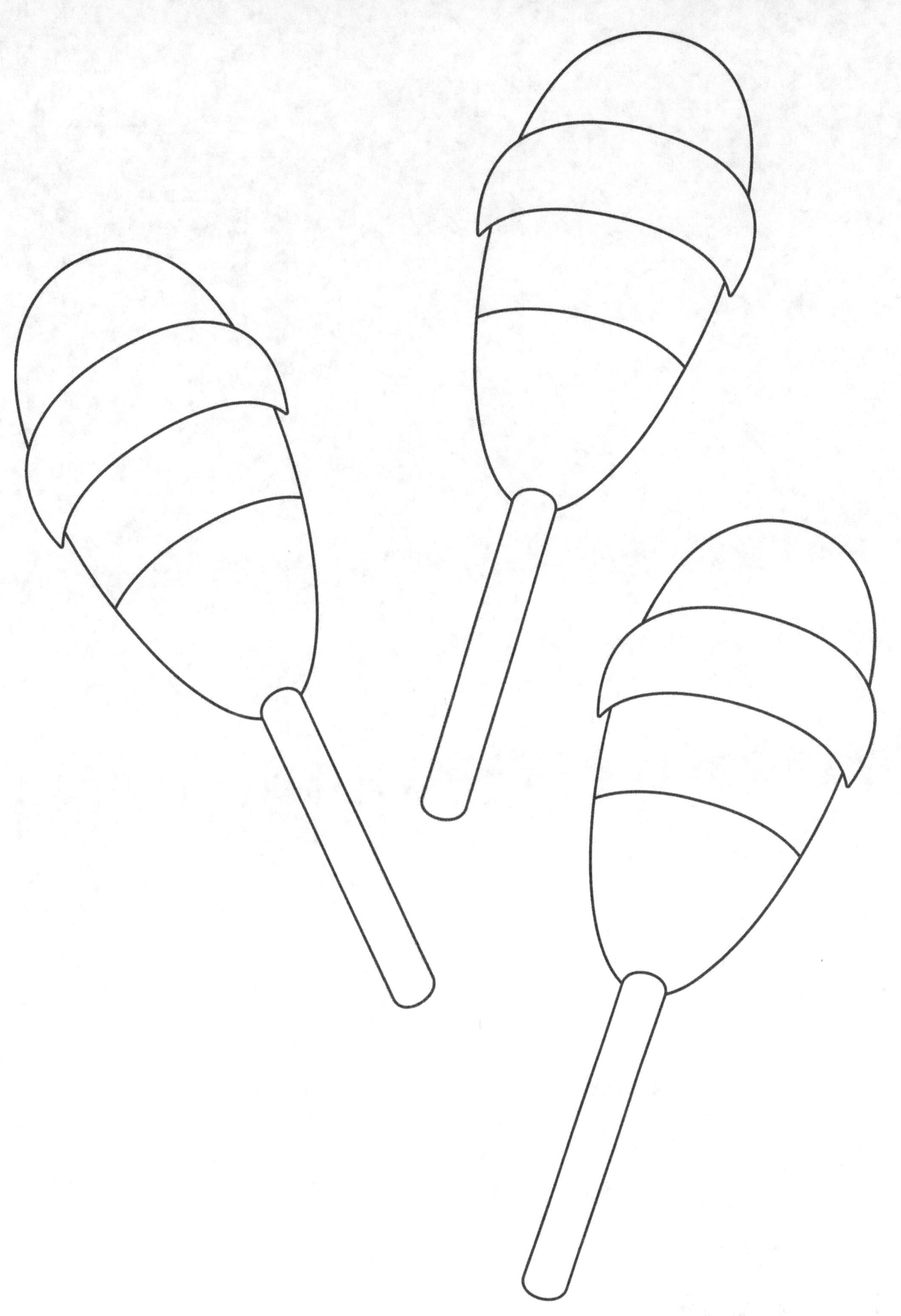